Martin Nicholas Kunz

best | designed
wellness hotels

NORD- UND SÜDAFRIKA . INDISCHER OZEAN . MITTLERER OSTEN

mit Texten von Bärbel Holzberg . Christiane Reiter . Ursula Dietmair . Heinfried Tacke . Sybille Eck . Claudia Gass

avedition

EDITORIAL			4
Ver. Arab. Emirate	Dubai	Al Maha Desert Resort	8
	Dubai	Beit Al Bahar Villas at Jumeirah Beach	14
	Dubai	One&Only Royal Mirage	18
	Dubai	Mina A'Salam Madinat Jumeirah	24
Oman	Muscat	The Chedi Muscat	28
Ägypten	Sharm El Sheikh	Four Seasons Resort Sharm El Sheikh	34
Tunesien	Tunis	The Residence Tunis	38
Marokko	Marrakesch	Amanjena	42
	Marrakesch	Kasbah Agafay	48
	Marrakesch	La Sultana	52
	Marrakesch	Sublime Ailleurs	58
	Marrakesch	Jnane Tamsna	62
	Marrakesch	Ksar Char-Bagh	66
	Ouarzazate	Dar Ahlam	70
Kenia	Laikipia Plateau	Loisaba	76
	Amboseli	Shompole	80
Tansania	Sansibar	Fundu Lagoon	84
Seychellen	Mahé	Banyan Tree Seychelles	88
	Frégate	Frégate Island Private	92
	Praslin	Lémuria Resort	96
	North Island	North Island	100
Mauritius	Poste de Flacq	Belle Mare Plage	106
	Poste de Flacq	Le Prince Maurice	110
	Trou d'Eau Douce	One&Only Le Touessrok	114
	Belle Mare	The Residence Mauritius	120
Südafrika	Franschhoek Valley	Winelands	124
	Johannesburg	The Saxon	128
	Lowveld	Makalali Game Reserve	132
	Krüger Nationalpark	Royal Malewane	136
	Krüger Nationalpark	The Outpost	140
	Sabi Sabi	Singita Lebombo	144
	Sabi Sabi	Earth Lodge	148
	Sabi Sand	Singita Boulders	152
	Sabi Sand	Ulusaba Game Reserve	156
HOTEL-INDEX			160
ARCHITEKTEN/DESIGNER, FOTONACHWEIS			167
IMPRESSUM			168

editorial | inspiration zwischen busch und orient

„Ich hatte eine Farm in Afrika…" – es gibt vielleicht keinen anderen Satz am Beginn eines Buches, der die Sehnsucht nach einem Kontinent so klar in Worte fasst wie dieser. Wer ihn liest, reist innerhalb von Sekunden ins Land der Karen Blixen, sieht sanft geschwungene Hügel, Plantagen wie aus grünem Samt und scheinbar endlos weite Flächen, über denen morgens der Nebel schwebt und tagsüber die Hitze flimmert.

Er spürt den Wind auf der Haut, der immer ein bisschen Staub und Sand mit sich wirbelt, atmet die fremd riechende Luft und hört ein wildes Tier schreien. Dieses Afrika ist ein Reiseziel der Kategorie „ein Mal im Leben" und hat zugleich die besten Chancen, eine Liebe fürs Leben zu werden. Denn Afrika umfasst noch viel mehr als nur die Kaffeefelder am Fuße der Ngong-Berge: Zum zweitgrößten Kontinent der Welt, der ein Fünftel der Landfläche der Erde belegt und aus der Vogelperspektive so eintönig ockerfarben wirkt, gehören die Nationalparks und Metropolen des Südens, Steilküsten, an die der Atlantik donnert und palmengesäumte Puderzuckerstrände am Indischen Ozean, undurchdringlicher Busch und Savannen, die bis hinter den Horizont reichen und auf denen sturmgepeitschte Bäume stehen, die aussehen wie die Frisuren der Leningrad Cowboys. Afrika besitzt mit der Sahara die berühmteste Wüste der Welt, leuchtet in marokkanischen Königsstädten in allen Farben aus Tausendundeiner Nacht, mischt auf tropischen Inseln wie den Seychellen oder Mauritius sein Lebensgefühl mit asiatischem und europäischem Flair. Und oben im Nordosten geht Afrika in den Mittleren Osten über: Dort fasziniert der Kontrast zwischen Alt und Neu – man besucht die Pyramiden von Giseh und die Wolkenkratzer von Dubai oder im Sultanat Oman; man wird verzaubert von der Aura alter Pracht, den Erinnerungen an Arabien sowie futuristischem Glanz und Glamour.

Um sich von den Mythen dieses so gegensätzlichen Kontinents vollkommen einfangen zu lassen, bedürfte es tatsächlich einer Farm – eines fest mit dem Land verwachsenen Anwesens, das Natur und Kultur einer Region widerspiegelt, Geschichte, Gegenwart und Zukunft verbindet, exotisch und vertraut zugleich ist. Zugegeben: Solche Adressen sind nicht einfach zu finden – aber es gibt sie. In den vergangenen zwei Jahrzehnten haben immer mehr Hotels, Landhäuser und Camps die Aufgaben einer solchen Farm übernommen. Weit entfernt vom uniformen Erscheinungsbild internationaler Hotelketten, häufig in Privatbesitz und an zum Niederknien schönen Orten erbaut, zeigen sie ein ganz persönliches Stück von Afrika und vom Mittleren Osten. Da werden in marokkanischen Riads alte Handwerkstraditionen neu entdeckt und mit modernem Design verbunden, ehemalige Wehrburgen in der Wüste verwandeln sich in romantische Hideaways, in kenianischen Nationalparks entstehen aus einfachsten Materialien wie Stein, Holz und Stroh Luxuslodges und auf Trauminseln erzählt man die Abenteuer der Seefahrer nach, die einst auf der Suche nach exotischen Gewürzen über die Meere segelten.

01 | Livingroom im Kasbah Agafay

02 | Freiluft-Lounge im Jnane Tamsna

03 | Schlafgemach im Jnane Tamsna

04 | Sitzecke im Amanjena

editorial | inspiration zwischen busch und orient

All diese Hotels haben ihr eigenes Gesicht, sind unverwechselbar und unvergleichlich – doch eines ist ihnen gemeinsam. Sie ermöglichen ihren Besuchern den Blick in die Seele Afrikas und des Orients, bieten ihnen Erholung, Erlebnis und neue Einsichten, lassen sie die unterschiedlichsten und nicht immer leicht greifbaren Seiten des Landes besser verstehen – kurz: sie vermitteln ein kleines Bild eines großen Kontinents. Dabei ist besonders wichtig, dass die Häuser wie selbstverständlich in ihre Umgebung passen und nicht wie Fremdkörper wirken, dass sie moderne Ästhetik, Design und Komfort verbinden und auf Details achten, die man schon längst vergessen zu haben glaubte.

Es ist ihr ganz besonderer Charme, der solche Hotels ausmacht und der sie zu echten Wellness-Hotels macht. Denn „Wellness" bedeutet schon lange nicht mehr nur den abgedroschenen Dreiklang aus Pool, Sauna und Massageraum – Wellness ist ganzheitliches und sinnliches Erleben pur. Dazu gehört der Blick auf eine gelungene Architektur genauso wie der Besuch eines erstklassigen Restaurants, in dem exotische Aromen den Gaumen kitzeln.

Ein verträumtes Sonnenbad am Palmenstrand spielt eine genauso große Rolle wie der Adrenalinkick während einer Safari, ein kühler Drink zur Begrüßung ist genauso nötig wie ein herzliches Lächeln zum Abschied.

Kommen Sie auf den folgenden Seiten mit nach Afrika und in den Vorderen Orient, lassen Sie sich von den schönsten Wellness-Adressen inspirieren und entdecken Sie Ihr Traumhaus für die nächste Reise auf den Spuren der Karen Blixen: „Ich kenne ein Hotel in Afrika..."

Christiane Reiter

05 | Zimmer und offenes Bad mit Aussicht in The Outpost im Krüger Nationalpark

06 | Vom Bett des Singita Lebombo hat man das Buschland direkt im Blick.

07 | Blütenbad in einem der Spa-Pavillons des Banyan Tree Seychelles

08 | Baderaum in einer der 11 Villen auf North Island

09 | Modernes und luxuriöses Robinsonleben auf dem Sonnendeck von North Island

al maha desert resort | dubai . united arab emirates

DESIGN: Rashid Taqui, Schuster Pechthold + Partners, Wrenn Associates

Noch keine zwanzig Jahre ist es her, da war das zweitgrößte arabische Emirat ein großer Sandhaufen mit ein paar langweiligen Gebäuden, friedvollen Scheichs und einträglichen „Zapfsäulen" für schwarzes Gold. Trotzdem – oder gerade weil – die Ölquellen bald versiegen werden, mutierte Dubai in ein „booming country" und unternimmt alles, um sich als Verkehrsknotenpunkt, Handels-, Dienstleistungs- und Messeplatz zu etablieren sowie sich als exklusives Tourismuszentrum im Mittleren Osten zu positionieren.

Ein Flecken Sand, auf dem sich Architekten und Bauingenieure noch austoben dürfen. Den fast das ganze Jahr über wolkenlosen Himmel kratzen im Quartalstakt neue Gebäude mit Höhenrausch. Als Milleniumsgeschenk ließen sich die Herrscher auf einer eigens aufgeschütteten Insel vor Jumeirah Beach das bis dato wohl imposanteste Hotelgebäude der Welt hinstellen, in Form eines riesigen, 321 Meter hohen Segels. Mit dem Einklinken in ATP-Tenniszirkus und Golf Masters gibt sich Dubai auch ein Stelldichein als Sportstätte. Man kann darauf warten, bis auch hier noch Formel-1-Wagen im Kreis heißlaufen.

Zwar in höchst heißer Umgebung – da mitten in der Wüste –, aber weitab von jeglichem Trubel und doch nur eine Dreiviertelstunde mit dem Auto von der Hauptstadt entfernt, hat die staatliche Fluggesellschaft Emirates eines der faszinierendsten und edelsten Beduinenlager erstellt. Die feudale Oase liegt inmitten eines 225 Quadratkilometer großen Wüsten-Naturschutzgebietes, das in der Ferne vom Hajar-Höhenzug abgeschlossen wird. Die mit Segeltüchern überdachten Lehmgebäude fügen sich zu einer schnörkellosen Hotelanlage, die einem mit allem erdenklichen Komfort – und aus der sicheren Distanz mit Klimaanlage – die Schönheit und Faszination der Wüste näher bringt. Seinen Namen verdankt der Ort der arabischen Oryxantilope „Al Maha" mit ihren kennzeichnend langen Hörnern. Noch heute kann man sie mit bloßem Auge, oder besser mit den bereitliegenden Ferngläsern, von seiner Suite oder der Terrasse des Hauptgebäudes aus zusammen mit Gazellen bei der Tränke beobachten.

Architektur und Materialauswahl bei den Suiten orientieren sich an der traditionellen Bauweise von Beduinenlagern, freilich in luxuriöser Interpretation. Der legendäre Lebensstil und die Großzügigkeit der Wüste sind spürbar: vom geräumigen, kühlen Interieur über die umlaufende Holzveranda bis hin zum erfrischenden Privatpool. Vielleicht ist die Möblierung etwas zu gefällig, zu kunsthandwerklich.

01 | Das Hotelgebäude wurde als überdimensionales Beduinenzelt mit großen Sonnensegeln entworfen.

Sessel und Sofa wirken ebenso wie die Leuchten nur bedingt authentisch. Die dicken Vorhänge und die sie zusammenhaltenden Kordeln sind ein wenig wuchtig. Trotz solch kleiner Anpassungen an vermeintliche Weltstandards überwiegt aber die Faszination der gesamten Anlage mit ihren vielen, perfekt verarbeiteten Details bei weitem. Und bei aller Gemütlichkeit der Räume mit ihren überaus einladenden Betten darf man eines auf keinen Fall versäumen: die frühe Ausfahrt in die Dünen zum Sonnenaufgang. Erst dabei lernt man die faszinierende Wüste in all ihren Facetten kennen.

02 | Baden zwischen Sanddünen. 2003 wurde eines der großzügigsten Wüsten-Spas eröffnet.

03 | Ein Glasdach versorgt die Atrium-Lobby mit Tageslicht.

04 | In der hoteleigenen Boutique wartet ein Bazar mit orientalischem Kunsthandwerk.

05 | Nach der Erweiterung im Frühjahr 2003 gibt es nun 40 Beduinensuiten, zwei Royal Suiten und die Owners Suite.

06 | Einen frischen Minztee gefällig? In der orientalischen Lounge gibt es Beduinenatmosphäre dazu.

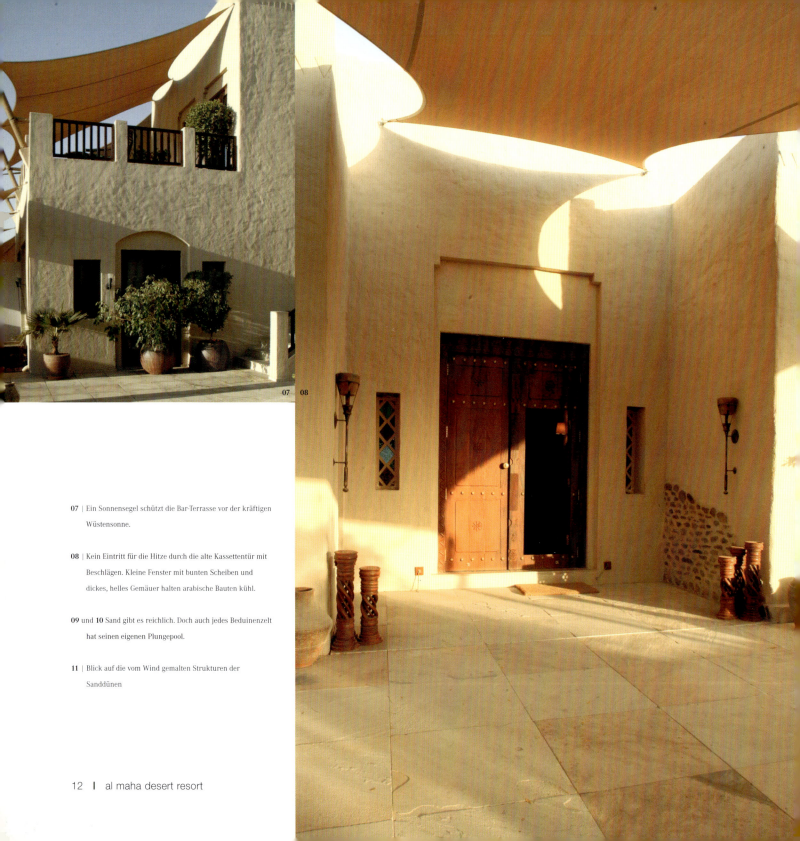

07 | Ein Sonnensegel schützt die Bar-Terrasse vor der kräftigen Wüstensonne.

08 | Kein Eintritt für die Hitze durch die alte Kassettentür mit Beschlägen. Kleine Fenster mit bunten Scheiben und dickes, helles Gemäuer halten arabische Bauten kühl.

09 und 10 Sand gibt es reichlich. Doch auch jedes Beduinenzelt hat seinen eigenen Plungepool.

11 | Blick auf die vom Wind gemalten Strukturen der Sanddünen

09
10
11

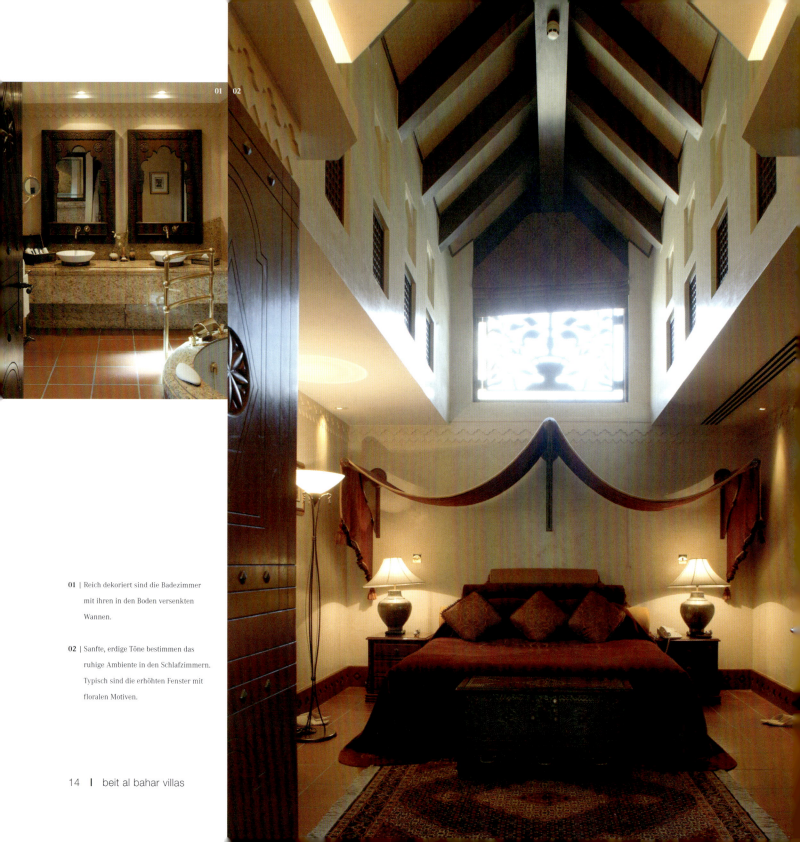

01 | Reich dekoriert sind die Badezimmer mit ihren in den Boden versenkten Wannen.

02 | Sanfte, erdige Töne bestimmen das ruhige Ambiente in den Schlafzimmern. Typisch sind die erhöhten Fenster mit floralen Motiven.

14 | beit al bahar villas

beit al bahar villas at the jumeirah beach hotel | dubai . united arab emirates
DESIGN: Kuan Chew

Der Tourismus in Dubai boomt, und ein Ende des Booms ist nicht in Sicht. Mit atemberaubender Geschwindigkeit verändert sich die Skyline, ständig werden neue Hotels gebaut, vornehmlich in der Luxuskategorie. Keine der großen internationalen Luxushotelketten kann es sich leisten, in dem Wüstenstaat am Persischen Golf nicht präsent zu sein. Die in Dubai ansässige, noch junge Jumeirah-Gruppe hat es von Anfang an verstanden, mit ihren Hotelbauten architektonische Maßstäbe zu setzen.

Längst sind das Jumeirah Beach Hotel in Form einer sich brechenden Welle und das spektakuläre Burj Al Arab zu markanten und viel beachteten Wahrzeichen der High-Tech-Wüstenstadt geworden. Mit den Beit Al Bahar Villas wollte die chinesisch-japanische Designerin Kuan Chew einen bewussten Kontrast zu diesen Hotels der Superlative setzen.

Die nur 19 Villen fungieren als Hotel im Hotel, Gäste können alle Einrichtungen des Jumeirah Beach Hotels benutzen, inklusive der 18 Restaurants, darunter das ins Wasser gebaute rundherum verglaste „Marina Seafood Market", in dem eine exzellente Fischküche serviert wird.

Beit Al Bahar, das bedeutet „Haus am Meer", ein Hinweis auf die bevorzugte Lage des Refugiums direkt am weißen, feinkörnigen Sandstrand. Die ockerfarbenen aus Lehm und Lehmziegeln gebauten Villen gruppieren sich um einen Swimmingpool, jede besitzt einen von Mauern geschützten Garten und zusätzlich einen kleinen privaten Pool.
Architektur und Design orientieren sich am arabischen Erbe Dubais: hohe, spitzgiebelige Decken, die die Zirkulation kühler Luft unterstützten, bevor man Klimaanlagen kannte; schwere Holzstreben, die ursprünglich dazu dienten, das kostbare Regenwasser aufzufangen. Im Innern dominieren dunkles, mit aufwendigen Ornamenten bearbeitetes Holz und schwere Stoffe in warmen Burgund- und Goldtönen. Dicke, handgewebte Perserteppiche und prächtig bestickte Seidenkissen unterstreichen das orientalisch üppige Ambiente. Ein für die Emirate charakteristischer tiefer, weich gepolsterter Diwan lädt dazu ein, der brütenden Mittagshitze zu entfliehen und sich dem angenehmen Nichtstun hinzugeben.

16 | beit al bahar villas

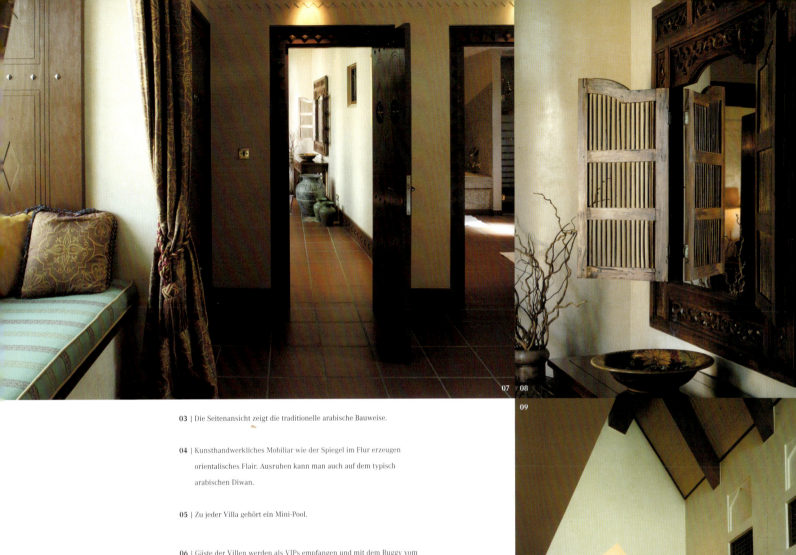

03 | Die Seitenansicht zeigt die traditionelle arabische Bauweise.

04 | Kunsthandwerkliches Mobiliar wie der Spiegel im Flur erzeugen orientalisches Flair. Ausruhen kann man auch auf dem typisch arabischen Diwan.

05 | Zu jeder Villa gehört ein Mini-Pool.

06 | Gäste der Villen werden als VIPs empfangen und mit dem Buggy vom Jumeirah Beach Hotel zur eigenen Rezeption mit Lobby chauffiert.

07 | Im kleineren Schlafraum gibt es an Stelle des Diwans eine gemütliche Erkercouch.

08 | Das mit Holzornamenten geschmückte Durchgangsfenster verbindet Wohn- und Schlafzimmer.

09 | Blick zum Wohnzimmer mit den charakteristischen spitzgiebeligen Decken

one&only royal mirage | dubai . united arab emirates

DESIGN: Godwin Austen Johnson, Brian Johnson, Ridler Shepherd Low, Rob Low, Wilson & Associates, Keith Mehner, David Adams, Sarah Mills

Eine frische Brise Salzluft weht herüber von Palm Island, einer der gigantischen Entwicklungen des Scheichtums. Die dem kilometerlangen weißen Sandstrand vorgelagerte künstliche Inselgruppe bereichert die Optik bald mit Palmwedel und Silhouetten von Luxusbauten. Zudem hat sie die Brandung befriedet. Nichts für passionierte Wellenreiter. Außer, sie lassen ihre Bretter zu Hause und gönnen sich arabischen Luxus mit Geschmack.

Im Gegensatz zu manch anderer Adresse in dem superreichen Wüstenstaat findet der Gast hier Zimmer in ausgewogenen, ja beruhigenden Farben. Fenster lassen sich öffnen, die Mehrzahl aller Zimmer hat sogar einen Balkon. Eingerichtet sind sie mit Möbeln aus dunklem Holz und üppigen Betten. Schlummern auf erstklassigen Matratzen, mit leichten Federbetten und übergroßen Kissen ist gesichert.

Trotzdem: wer nicht gerade eine der Suiten oder – noch besser und teurer – Scheich Ahmed Bin Saeed Al Maktoums Garden Villa bezieht, wird das Resort über die gemieteten vier Wände hinaus entdecken wollen.

Zu erforschen sind im One&Only Royal Mirage genau genommen drei Hotelanlagen: das 1999 eröffnete The Palace (226 Zimmer und 20 Suiten), das als exklusiver Club gehaltene Residence & Spa (32 Zimmer, 16 Suiten und eine Garden Villa) sowie der 2003 fertig gestellte Arabian Court (162 Zimmer und 10 Suiten). Zusammen bilden sie ein luxuriöses Feriendorf mit 11 Restaurants und Bars sowie Pools, Wassersport, Tennis und einer der begehrtesten Spaadressen am Golf. A propos Golf. Es gibt keinen eigenen Platz, in der Nähe dafür einige im Weltklasseformat und bald noch mehr. Doch zurück zu Wohlbefinden und Schönheit. Auf zwei Etagen und insgesamt 2.000 Quadratmetern öffnen sich zwei Welten. Die eine ist getragen von Givenchy, die andere orientalisch geprägt mit Hammam und sinnebetörender Ornamentik. Architektur als Wohlfühlfaktor. Dabei ist sie das Gegenteil von Avantgarde oder Purismus. Eben arabisch verspielt, die Leidenschaft fürs Detail herauskehrend, aber weder überkandidelt noch ins Lächerliche abgleitend. Architekten, Bauherren und Betreibern ist die Gratwanderung zwischen Protz, Kitsch und Kunst gelungen. Nicht selbstverständlich in Dubai und nicht in allen Häusern der Familie Kerzner, deren noch junge Luxuskreation „One&Only" freilich neue Maßstäbe setzt, wie hier am Strand von Jumeirah.

Auch Angebot und Service stimmen, man spürt hier Flair. Schon morgens am Frühstücksbüfett in The Rotisserie können einem beim Anblick der

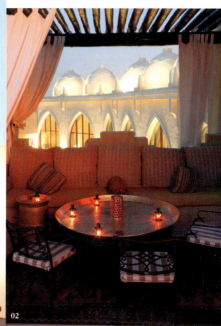

01 und **02** Einer von Dubais Hot Spots: Die Rooftop Lounge im Arabian Court. Kaum ein Star, der Dubai besucht und hier nicht einen Cocktail trinkt

one&only royal mirage | 19

lecker dekorierten Marktstände die Augen überquellen. Neben japanischer Misosuppe, Oliven und Datteln verführen echtes Birchermüsli, Croissants wie aus Paris' bester Backstube, Obst „around the globe" und jede Menge arabische Yoghurts und Pasten. Wenn man mit dem frisch gebrühten Milchkaffee auf der Terrasse (nicht im Sommer) die ersten Sonnenstrahlen begrüßt, erscheint das Leben als Belohnung. Den Vormittag entspannt am Pool oder Strand lümmeln, der Mittagshitze in eines der schattigen Restaurants entfliehen, das ist auszuhalten. Das Beste ist jedoch der Sundowner in der Rooftop Lounge. Spätestens, wenn man in die von abendlichen Dunstschwaden befeuchteten Kissen fällt und bei sanften Klängen von Loungehits am Cocktailglas nippt, werden auch Hartgesottene zu Romantikern.

03 | Behandlungsraum im orientalischen Spa

04 und 10 Allein die Flure sind eine Entdeckungsreise wert.

05 | Blick ins Bad eines Standardgästezimmers im Arabian Court

06 | Jede Nische erfreut das Auge mit inspirierender Dekoration.

07 | Blick von der Lobby von The Residence & Spa ins Clubrestaurant

08 | Schlafzimmer in einer der Suiten

09 | Jacuzzi im orientalischen Spa

11 | Hammam

12 | 16 | 17 | 18 | Weiche Linien, Rundungen, dekorative Ornamente sowie pastellige Ocker- und Rottöne beruhigen die Sinne. Die Architektur ist ein nachvollziehbarer Faktor fürs Wohlbefinden.

13 | Eine der vielen Nischen, die überall auf dem riesigen Gelände zu finden sind

14 | Bei arabischen Snacks und Volksmusik Wasserpfeife qualmen. Im Innenhof des Arabian Court trifft man die meisten Einheimischen.

15 | Perfekt für den Nachmittagskaffee im Winterhalbjahr. Die Lounge des „Au Zone" ist abends der Ort für eine asiatisch-arabische Fusion Cuisine.

01 | Die charakteristischen Windtürme

02 | Traditionelle Wassertaxis transportieren Gäste durch das Madinat.

mina a'salam at the madinat jumeirah | dubai . united arab emirates
DESIGN: Kuan Chew

Bei Sonnenuntergang auf der weitläufigen Terrasse der Bahri Bar erlebt man hautnah die Essenz all dessen, was Dubai heute zu bieten hat: Der Blick schweift zur Marina mit dem pittoresken Dhow, dem Schiff, das die Handelsmacht Dubais begründet hat, über die weißen Strände und das tiefblaue Meer bis zum Luxushotel Burj Al Arab, das mit seiner spektakulären Architektur schnell zur Ikone des modernen Dubais avancierte. Mit dem 2003 eröffneten Mina A'Salam besinnt sich die in Dubai ansässige Jumeirah-Gruppe auf ihre arabischen Wurzeln.

Das 292-Zimmer-Hotel ist Teil eines Madinat, eines – neu gebauten – arabischen Dorfes, das sich auf einer Länge von 3,7 Kilometern am Meer entlang zieht. Wasserwege mäandern durch das Madinat mit seinem farbenfrohen Souk, einem Gewürzmarkt und zahllosen kleinen Geschäften. Gäste können mit den traditionellen Wassertaxis, die auch den Creek, den Meeresarm im Stadtzentrum Dubais, befahren, die 75 Geschäfte mit 30 Restaurants und Bars erreichen. Das kulturelle Erbe der Golfregion zu bewahren, anschaulich zu zeigen, was das Wesen arabischer Gastfreundschaft ausmacht, das hat man sich im Mina A'Salam, dem „friedlichen Hafen", vorgenommen.

Während der abendlichen Ramadanfeste am Strand schenken Kaffeemänner in malerischen Gewändern aus langschnäbeligen Messingkannen ihr mit Kardamom und Zimt gewürztes Getränk aus, Wasserpfeifen in den unterschiedlichsten Geschmacksrichtungen werden angeboten. Mächtige Windtürme, die früher für natürliche Kühlung sorgten, prägen die Architektur der Hotelanlage. Nachts lassen hunderte von Lichtern die mit Bögen und Fenstern fein gegliederte Fassade wie einen Palast aus Tausendundeiner Nacht erscheinen. Gitterwerke aus geometrischen Flechtmustern in den Fenstern und Bogenöffnungen unterstreichen das orientalische Ambiente, das sich auch in den mindestens 50 Quadratmeter großen Zimmern mit ihren dunklen, reich geschnitzten Holzmöbeln wieder findet.

Spektakulär ist der ganz in zartem Grün und gebrochenem Weiß gehaltene Six Senses Spa mit seinen 28 frei stehenden Behandlungsstudios, umgeben von üppig blühenden Gärten und Wasserwegen, der größte Wellnessbereich im Mittleren Osten. Ein völlig von der Öffentlichkeit abgeschirmter Bereich ist ausschließlich Frauen vorbehalten. Tiefenentspannung versprechen ausgeklügelte Farbtherapien und Kristallbehandlungen. Als geradezu sensationell gilt die angebotene Unterwassermassage.

03 | Orientalische Bogenfenster mit typischem geometrischen Gitterwerk betonen das arabische Ambiente.

04 | Jedes der opulent ausgestatteten Zimmer hat Meerblick.

05 | Im Al Muna Restaurant werden arabische Spezialitäten serviert.

06 | Zen-Boutique

07 | Bahri Bar

the chedi muscat | muscat . sultanate of oman

DESIGN: Jean-Michel Gathy, Yasuhiro Koichi

Wer die arabische Architektur kennt, der weiß um das Zusammenspiel von Bögen, Gängen und Säulen mit Wasser, Palmen und kunstvoller Ornamentik. Ein eigener Zauber geht davon aus. Diese Orte erscheinen wie kunstvoll verwinkelte Oasen aus Stein und Natur. Ihnen liegt eine von Grund auf lebensbejahende Philosophie zugrunde. Sie laden ein zum stillen Genießen und Sinnieren. Paart sich dieser Stil mit der strengen Rationalität westlichen Ursprungs, kann das gut und gerne gnadenlos danebengehen. Doch ebenso gelingt das ein oder andere Mal diese kulturelle Vermengung. Und im Fall der Fünf-Sterne-Destination The Chedi ist sie gelungen.

Das helle, mit vielen Gebäudeflügeln versehene Gelände des Resorts liegt unmittelbar am Golf von Oman, im Herzen des Sultanats, am Rande der Hauptstadt Muscat. Der Blick in diesem luxuriösen Kleinod heftet sich immer wieder wie magisch angezogen auf die Meerenge des Arabischen Meeres. Im Dunst gen Osten erahnt man das ehemalige Persische Reich. Im Rücken der Anlage erheben sich die imposanten Gipfel des Jabal Akhdar. Wer am Tag oder in der Nacht durch die Straßen der Metropole schlendert, steht vor einer exotischen Tour voller Entdeckungen, nicht zuletzt auf dem berühmten Bazar von Matrah.

Doch als wäre das alles nur eine unbedeutende Kulisse, legt es The Chedi darauf an, alle erdenklichen Annehmlichkeiten selbst zu bieten. In die Innenhöfe lockt ein verschlungenes System von Teichen, Palmen spenden dazu Schatten. So manches Mal mag man sich hier an die Alhambra erinnert fühlen. Höchster westlicher Standard bestimmt die Ausstattung der zahlreichen Zimmer und Suiten. Gerade die persönlichen Räume prägt eine modernes, klassisch anmutendes Design, das sich von folkloristischen Anklängen ganz und gar fern hält. Orientalisches Flair vermitteln Lobby, Lounge und Restaurant. Zipfelbögen und zahllose Lichtquellen malen ein Tausendundeine-Nacht-Ambiente, von Holzdecken und Balken umrahmt.

Nichtsdestotrotz: Am Ende ist es diese Sicht auf das immer wieder krause, gleichwohl azurblaue Meer, die besonders gefangen nimmt. Man sitzt in den tiefen Sesseln der Cabanas am Pool und streift versonnen mit seinen Augen umher. Nach purer Erholung im Spa und Stunden am hauseigenen Strand richten sich die Gedanken bereits auf die Auswahl der verschiedenen Menüs im Restaurant – mediterrane, asiatische, arabische oder indische Küche? Welcher gute Tropfen mag dazu passen? Alles ist angerichtet wie für Bonvivants, die auf nichts verzichten mögen. Wer muss da noch an der Wunderlampe reiben?

01 | Zen-inspirierte Linienführung ist typisch für den Bau und eine wohltuende Ausnahmeerscheinung am Golf.

the chedi muscat

02 | Eine Einfahrt ganz in Weiß

03 | Der Gebäudekomplex gruppiert sich um den zentralen Pool des Hotels herum und inszeniert Oasen-Atmosphäre.

04 | Der wahre Luxus in der Wüste ist ein großzügiger Umgang mit Wasser. Alle Suiten haben Zugang zum privaten Pool.

05 Strenge Geometrie: Der Blick aus dem Restaurant über Pool und Meer bis zum Horizont

06 | Baderaum in einer der 40 Club-Suiten

07 | Großzügiges Wohnzimmer in einer der Club-Suiten

08 | Schlafzimmer in einem der „Deluxe Rooms"

09 | Umfangreiche Wellnessbehandlungen zählen zum Angebot.

10 | Kuschellandschaft in der Lobby-Lounge

11 | Im Restaurant gibt es einen Mix aus mediterraner und asiatischer Küche.

01 | Palmen und kunstvolle, mit Ornamenten geschmückte Bogenfenster unterstreichen das orientalische Ambiente.

four seasons resort sharm el sheikh | sharm el sheikh . egypt

DESIGN: Hill & Glazier, Architects, Brayton Hughes Studios

Die besondere Atmosphäre des Four Seasons Resort Sharm el Sheikh erschließt sich am eindrucksvollsten vom Wasser aus: Ein schmaler Küstenstreifen, den über 1800 Palmen und ein Meer von rot blühenden Hibiskussträuchern zur Oase werden lassen. Dahinter liegt nichts als die Weite der Wüste. Am Horizont zeichnen sich die schroffen rotbraunen Felsformationen des Sinaigebirgszuges ab. Das Zusammenspiel von Meer, Wüste und Gebirge verleiht der sich den Hang hinaufziehenden Hotelanlage einen ganz eigenen Reiz. 50 Gärtner und mehr als 500 Kubikmeter Wasser sind Tag für Tag nötig, um der Wüste dieses satte, üppige Grün abzutrotzen.

Vorbild für das 2002 eröffnete Luxusresort an der Südspitze der Sinaihalbinsel war die Architektur eines maurischen Dorfes. Gepflasterte Wege verbinden die ein- und zweistöckigen Gästevillen mit den Hauptgebäuden, dem Wellnessbereich, den fünf Restaurants und den verschiedenen Pools. Vom zum Sandstrand offenen Foyer, mit seinen charakteristischen Bogenkonstruktionen, genießt man einen traumhaften Blick auf das Rote Meer. Die versetzt zueinander gebauten Gästevillen gewähren ein Höchstmaß an Privatsphäre. Sie gruppieren sich um idyllische Innenhöfe mit beruhigend plätschernden Mosaikbrunnen. Jede Villa hat eine eigene Terrasse, die hohe, in Form geschnittene Bougainvilleen vor ungebetenen Blicken abschirmen. Orientalisch elegant gibt sich das Interieur der 136 mit mindestens 60 Quadratmetern überaus großzügigen Zimmer und Suiten. Marmorböden, schwere, golden schimmernde Stoffe und kunstvoll geschmiedete Lampen prägen das Ambiente.

Im 825 Quadratmeter großen Wellnessbereich mit seinen zwölf Behandlungsräumen lindert eine „Pharaonic Massage" mit heimischen Kräutern und Ölen quälende Muskelverspannungen. Auf einem überlieferten Schönheitsrezept beruht das „Egyptian Facial", das schon zur Pharaonenzeit als Anti-Aging-Treatment angewendet wurde. Ausgesprochen angenehm ist eine Behandlung in einem der Spa-Pavillons im Freien, in denen laue Meeresbrisen für Kühlung sorgen.

Direkt vor dem Hotelstrand liegt eines der faszinierendsten Tauchreviere der Welt. Mehr als 90 Meter fällt das bis zu 20 Millionen Jahre alte Riff in die Tiefe des Meeres ab. Schon beim Schnorcheln lässt sich die exotische Unterwasserwelt entdecken. Die Tauchboote zum Ras Mohammed Nationalpark mit seinen spektakulären Korallengärten legen vom Hotelsteg ab.

02 | Blick vom offenen Foyer auf das Rote Meer

03 | Besonders beliebt ist die Waha Poolbar.

04 | Deckendetail des italienischen Restaurants

05 | Orientalisch elegant, ohne überladen zu sein, ist das Interieur der großzügigen Zimmer.

the residence tunis | tunis . tunisia

DESIGN: Christian Denizot, Hirsch Bedner & Associates

Schon beim Eintritt in die Lobby ist man geblendet vom weißen Marmor des Kuppelraumes. Boden, Säulen und zwei dezent vor sich hin plätschernde Brunnen sind aus dem edlen Gestein geschaffen. Drei imposante Leuchter, wie man sie aus den großen Moscheen kennt, hängen an langen Ketten in der Kuppel und tauchen den Raum in weiches Licht. Die Rezeption und wenige Sitzmöbel schränken die Wirkung dieses geradezu königlichen Empfangsraumes in keiner Weise ein. Die Architekten von The Residence zeigen, wie man die wesentlichen Elemente traditioneller maurischer Architektur in einen zeitgenössischen Luxus-Tempel umsetzen kann, ohne der Versuchung des Kitschs zu erliegen. Die Großzügigkeit und Weite der Lobby ist dem gesamten Hotelbau eigen. Die weitläufigen Hallen und Gänge, ebenso die Restaurants und auch der verglaste Poolpavillon werden von Säulen und typisch maurischen Rundbögen getragen. Man fühlt sich an religiöse Bauten im maurischen Stil erinnert. Dabei wird die Strenge dieser auf immer wiederkehrenden Rundbögen und Säulen basierenden Architektur vor allem durch die gekonnte Lichtführung aufgelockert. Das Spiel der Sonnenstrahlen, die durch hölzerne und schmiedeeiserne Ornamente an den Fenstern geteilt und nach innen gelenkt werden, vermittelt Leichtigkeit und Transparenz. Bei Nacht tauchen arabische Schalenleuchter die Gänge in gedämpftes Licht.

Neben der sparsamen Möblierung, die sich auf verstreute Sitzinseln beschränkt, unterstreichen arabische Antiquitäten und antike Ausstellungsstücke den Charakter der Luxus-Residenz. Sie sind eine Reminiszenz an die römische Geschichte von Tunis, ehemals Karthago, die ebenso prägend wirkte wie die arabische Kultur. Auch mit zahlreichen Mosaiken wird aus dieser Epoche zitiert. Da liegt es nahe, dass The Residence seine Gäste mit einem Spa-Programm verwöhnt, das die römische Badekultur mit der arabischer Hammams und der in Tunesien entwickelten Thalasso-Therapie vereint. Zeitgemäß wird das Kur-Angebot um asiatische Massagen und Anwendungen bereichert. Proaktiv kann man neben all dem Kneten, Schwitzen und Ruhen noch ein paar Gymnastik-Einheiten unter fachlicher Anleitung einlegen. Zur kulinarischen Abrundung der karthagischen Kur im Residence wird ein biologisch-dynamisches Büfett geboten, das vorwiegend mit Spezialitäten der mediterranen Küche lockt. Auch die 160 Zimmer und Suiten wurden mit Anleihen aus arabischer und römischer Bauweise gestaltet. Mauernischen und Rundbögen, schlichte, helle Wände und zurückhaltende Möblierung, die sich Verspieltheit nur in Form von seidenen Kissen auf den Diwans erlaubt, setzen den Stil des

01 | Insgesamt 15.000 Quadratmeter Pool stehen den Gästen des Residence zur Verfügung.

02 | Die Einrichtung der Gästezimmer zeigt römische Stilanleihen.

03 | Ein mediterraner Laubengang lädt zum Spaziergang ein.

04 | Sparsame Möblierung der öffentlichen Räume unterstreicht die großzügige Wirkung der Architektur.

05 | Schlichtes Design und ein üppiges Frühstück sind kein Widerspruch.

06 | Das Hotel spiegelt die Architektur Karthagos mit stilvoll inszenierten Zeugnissen römischer Kultur.

07 | Hier gehen römische Badekultur und der arabische Hammam eine Symbiose ein.

Residence in den öffentlichen Räumen konsequent fort. Nur im Maurischen Café, einem hellen Raum, der von rot-schwarzen Säulen getragen wird, rückten die Designer der arabischen Kultur und ihrer ornamentalen Kraft ein kleines Stückchen näher, ohne jedoch das Niveau des Hauses in Frage zu stellen. Arabische Leuchten aus buntem Glas, Holzschnitzereien, Gemälde und historische Fotos mit Szenen aus Kaffeehäusern werden hier kombiniert mit Kristall, edelster Tischwäsche und Kissen aus Seide.

The Residence zeigt auch nach außen Größe. Mit insgesamt 15.000 Quadratmeter Wasserfläche lädt die scheinbar endlose Poollandschaft des Residence zum Sonnenbad oder zu sportlicher Betätigung ein. Die Pools beginnen im Inneren unter einem Glaspavillon und breiten sich in verschiedenen, mit Mosaiken verzierten Bassins unter dem Palmenhain im Garten des Hotels aus. Nur wenige Schritte hinter dem Hotelgarten beginnen der Hotelstrand und das Mittelmeer.

01 | Der Neubau, von dem Amerikaner Ed Tuttle entworfen, huldigt der traditionellen arabischen Architektur und den Farben von Marrakesch.

amanjena | marrakech . morocco

DESIGN: Edward Tuttle

Am Stadtrand von Marrakesch, nur ein paar Kilometer vom hektischen Trubel und den exotischen Gerüchen der Medina entfernt, liegt eine andere Welt. Hier steht seit dem Jahr 2000 das Amanjena, das erste Amanresort auf dem afrikanischen Kontinent. Wer den mächtigen Palast zum ersten Mal besucht und sieht, wie perfekt er sich in den Bassins und Pools spiegelt, hat den Eindruck, er stünde vor einer Fata Morgana, müsste nur ein kleines Steinchen ins stille Wasser werfen und schon löste sich alles auf Nimmerwiedersehen in den Wellen auf.

Doch das Amanjena bleibt präsent: Der amerikanische Architekt Ed Tuttle hat die 32 Pavillons und sieben „Maisons" – die größte ist die Al-Hamra Maison – in einen Hain aus Palmen und knorrigen Olivenbäumen gestellt und um ein zentrales Bassin herum angelegt – als Hommage an die traditionelle marokkanische Bauweise, die solche Wasserbecken vorsieht, um das wertvolle Nass aus den Bergen zu sammeln. Auch die grün schimmernden Dachziegel und die Kacheln der Pools erinnern an überlieferte Traditionen des Landes, und die Farbe der Mauern, die ständig zwischen Ocker und Rosé zu changieren scheint, nimmt die Töne der „roten Stadt" Marrakesch auf.

Man betritt das Hotel durch schwere, handgefertigte Eichentore und versteht auf Anhieb, warum es gerade diesen Namen trägt: Amanjena bedeutet übersetzt „friedliches Paradies" – und zu kaum einem anderen Platz als zu den hohen, maurisch inspirierten Bögen der Lobby und zu den jadefarbenen Brunnen passt diese Bezeichnung besser. Hier herrscht eine fast erhabene – aber keinesfalls steife – Atmosphäre, ein zarter Hauch von Rosen und Zedernholz liegt in der Luft, und die schlichte Eleganz der Räume wird durch sparsam eingesetzte Accessoires wie Laternen oder Berberteppiche betont. Auf überflüssige Details verzichten auch die Pavillons, die ein Wohn-Schlafzimmer mit hohen Decken und offenem Kamin, einen Ankleidebereich sowie ein großes Bad umfassen und auf einen privaten Innenhof blicken. Sechs dieser Pavillons hat Ed Tuttle direkt am großen Wasserbecken gebaut, acht weitere bieten sogar eine private Gartenoase und einen eigenen Pool mit immerhin 25 Quadratmetern Fläche.

Typischen marokkanischen Stadthäusern nachempfunden sind die Maisons, die sich jeweils über zwei Etagen um einen stillen Patio ausdehnen und vom leise plätschernden Brunnen über grünen Marmor bis hin zum eigenen Pool alle nur erdenklichen Extras bieten. Steigern lassen sich solche Superlative nur noch in der Al-Hamra Maison mit Butlerservice –

wer hier residiert und absolute Privatsphäre zelebriert, fühlt sich Marokkos König schon ziemlich eng verwandt. Royales Verwöhnprogramm versprechen auch die hoteleigenen Hammams (nach alter Sitte für Männer und Frauen getrennt) mit ihren orientalischen Baderitualen und das Beautycenter, in dem Stress und Sorgen dank der umfangreichen und wohltuenden Anwendungen wie im Handumdrehen verschwinden.

Vollkommen entspannt schlendert man anschließend durch die Anlage oder über den Balkon der beeindruckenden Bibliothek, in der neben Literatur, Musik und Filmen sogar Malutensilien bereitliegen – für eine ganz persönlich gestaltete Urlaubserinnerung aus dem Amanjena. Keinen Wunsch offen lässt das Hotel auch auf kulinarischem Gebiet: Im marokkanischen Restaurant genießt man nicht nur unendlich viel Raum (die Decken sind sechs Meter hoch) und den Blick auf einen Brunnen sowie 80 Säulen aus Onyx, sondern auch klassische und erstklassige Gerichte wie Tajine und Couscous.

Auf westliche Menüs und thailändische Küche hat sich das zweite Restaurant spezialisiert und serviert die Köstlichkeiten an warmen Sommerabenden sogar unter freiem Himmel. Und wie wäre es später mit einem Drink in der von Kerzen und einem Kaminfeuer erhellten Bar, der Berberteppiche und Sofas mit wertvollen Stoffen aus dem Designhaus „Clothes of Gold" den letzten Schliff verleihen? Herzlich willkommen im Reich von Tausendundeiner Nacht!

02 | Die vorherrschende Farbe des Amanjena changiert zwischen Terrakotta und Rosé.

03 | Grüner Marmor und ein wundervoller Ausblick in den Garten umrahmen das Bad.

04 | Sparsame, akzentuierte Möblierung bringt die Ästhetik der sechs Meter hohen Räume zur Geltung.

05 | Insgesamt 32 Pavillons hat das neu errichtete Amanjena zu bieten.

06 | Das Massage-Programm kann auch unter freiem Himmel genossen werden.

07 | Im Hammam des Hotels baden Frauen und Männer nach alter Tradition getrennt.

08 | Ein Brunnen, Gewölbegänge und Mauernischen dürfen auch in einem neu errichteten Palast nicht fehlen. Das Amanjena öffnete im Jahr 2000 seine Pforten.

09 | Wasserbassins waren früher Sammelbecken für das kostbare Nass und kühlen die Atmosphäre durch Verdunstung.

10 | Sechs Pavillons liegen direkt am zentralen Poolbecken, acht weitere haben einen Privatpool und direkten Zugang zum Garten.

01 | Außen Trutzburg – innen Idylle, der marokkanische Landsitz Kasbah Agafay

kasbah agafay | marrakech . morocco

DESIGN: Abel Damoussi, Quintin Willbaux

Verlässt man Marrakesch in Richtung Süden, fährt man durch eine hügelige, immer trockener werdene Landschaft mit knorrigen Olivenbäumen, hinter der sich die eindrucksvolle Kulisse des Atlasgebirges erhebt. Zwanzig Kilometer geht die Fahrt auf der Straße nach Guemassa, bis man zur Rechten den Bau eines alten Forts erblickt, die Kasbah Agafay. Die frei stehende ehemalige Befestigungsanlage hat ihr trutziges Äußeres mit dicken Mauern und zinnenbesetzten Türmen bewahrt und birgt im Inneren die überraschend zarte und idyllische Szenerie eines marokkanischen Herrschaftssitzes.

Abel Damoussi hatte ein gutes Gespür für das Potenzial, das in dem 150 Jahre alten Fort schlummerte, als er das leer stehende Anwesen erwarb. Er renovierte das mehr als zweihundert Jahre alte Gebäude und eröffnete 2001 die Kasbah Agafay als neuen Luxus-Landsitz mit zwanzig Suiten und Zimmern an der Grenze zur Sahara. So wehrhaft und abweisend das Äußere anmutet, im Inneren offenbart sich ein eigene Welt aus Höfen und angrenzenden Gängen, aus hohen Hallen und komfortablen Privaträumen. Das Besondere an den arabischen Häusern zeigt sich immer erst in ihrem Kern, im Innenhof, dem so genannten Riad, in dessen Mitte ein Brunnen plätschert und für angenehme Kühle sorgt. Der Riad der Kasbah Agafay ist von einem Säulengäng umgeben, der wie der Kreuzgang einer christlichen Klosteranlage den Hortus conclusus, den Paradiesgarten, umschließt.

Um Hof und Säulengang der Kasbah Agafay gruppieren sich die Suiten und Zimmer, die alle individuell gestaltet wurden. Passend zur Lage des Forts inmitten der schroffen Umgebung vermittelt auch die Einrichtung einen eher ländlichen, fast schon rohen Charakter. Alle Details der Einrichtung sind typisch für arabische Interieurs, doch setzt Damoussi sie sehr gezielt und mit äußerster Zurückhaltung ein. Lediglich die Stoffe der Vorhänge wählte er sichtbar reich und edel und bringt sie kunstvoll drapiert in voller Pracht zur Geltung. Als Hommage an die nahe Wüstenkultur sind die Suiten dagegen mit dunklen Stoffbahnen geschmückt, die von echten Nomadenzelten stammen und ein geradezu urtümliches Wohnerlebnis nachempfinden lassen.

Marmorgeflieste Bäder, offenes Kaminfeuer, schmiedeeiserne Betten mit dicken Polstern, all diese Details unterstützen das rustikale Flair der ehemaligen Befestigungsanlage. Eine private Terrasse sorgt für Abgeschiedenheit und Privatheit auch unter freiem Himmel für die Hotelgäste.

Ein Pool mit Mosaikfliesen in traditionellem Dekor bietet Erfrischung im trockenen und heißen Klima Marokkos. Fast genauso anregend ist ein Spaziergang durch den ebenso üppig blühenden wie duftenden Garten der Kasbah, der von einem System kleiner Kanäle bewässert wird.

Auch im Hammam des Hotels werden aromatische Düfte und Kräuter in jeder Form eingesetzt. Aromatherapie und spezielle Kräutertees aus den typischen Pflanzen Marokkos kommen hier neben dem traditionellen Dampfbad mit Massage und Reinigung zur Belebung von Körper und Geist zum Einsatz. Yoga-Unterricht und verschiedene Schönheitstherapien, bei denen natürlich Henna nicht fehlen darf, runden das Spa-Programm ab. Zur weiteren seelischen Reinigung und Einkehr steht den Gästen des Hotels sogar eine Meditationsgrotte zur Verfügung.

02 | Alte Laternen schmücken den Eingang zum Hauptgebäude.

03 | Brunnenwasser kühlt die Atmosphäre.

04 | Das locker gedeckte Dach filtert Licht und Sonnenglut auf angenehme Weise.

05 | Schmiedeeisernes Mobiliar, bequem gepolstert, harmoniert mit dem spröden Charme der ehemaligen Befestigungsanlage.

06 | Die Bäder der Suiten sind großzügig und offen gestaltet.

07 | Die Pracht des Hotels wird vor allem in den edlen Stoffen sichtbar.

la sultana | marrakech . morocco

Genauso reich wie die historische Stadt mit ihren Souks und Märkten, ihren Palästen und Gärten ist auch die Hotelanlage La Sultana, die in ihrem Inneren die Kulisse von Tausendundeiner Nacht offenbart. Das Interieur ist an Luxus kaum zu überbieten, und selbst bei einem mehrtägigen Aufenthalt gehen die optischen Reize nicht aus. Die Lage mitten in der Medina könnte spannender nicht sein. Eine der Umfassungsmauern des Hotels grenzt sogar an geschichtsträchtiges Gelände – die Grabanlage der Saadier. Die im 16. Jahrhundert angelegte Nekropole war zugemauert worden und wurde erst 1917 wieder entdeckt. Ein schmaler Gang führt zu den beiden Mausoleen, die die letzte Ruhestätte für insgesamt sieben Sultane und 62 Mitglieder der Saadier-Familie darstellen. Das Sultana ist in mehrerlei Hinsicht ein Resort der Superlative. Für jeden nur erdenklichen Genuss sind hier das passende Ambiente und die hochwertigste Ausstattung perfekt vorbereitet. Das Hotel bietet mit seinen Bädern und Wellness-Anlagen ein wahres Eldorado für Erholung und Entspannung Suchende. Ob in der Sauna, in einem der beheizten Pools, im Dampfbad oder im Massagesalon – für perfekten Service ist gesorgt. Renommierte Küchenchefs bereiten mediterrane und orientalische Gaumenfreuden aus den Zutaten, die sie sich frisch vom Markt nebenan besorgen. Drei Restaurants stehen dem Hungrigen zur Wahl – Sultan, Sultana und Africa –, und auch am Pool gibt es warme Leckereien.

Das Luxushotel besitzt 21 Gästezimmer, darunter 12 Doppelzimmer, 8 Suiten und 1 Appartement. Die Ausstattung der Räume lässt nichts zu wünschen übrig. Die Kombination von edlen Materialien in fein abgestimmten Farben und das reiche Dekor, das alle Einrichtungsgegenstände überzieht, lassen ein fürstliches Gesamtbild entstehen. Dabei wirkt die Komposition nie übertrieben, sondern verströmt reinen Luxus, der sich aus Formenvielfalt, Kostbarkeit und hochwertiger Verarbeitung ableitet. So werden alle Sinne angesprochen – und allein der Aufenthalt im eigenen Zimmer würde genügen, um in stundenlanges, bewunderndes Betrachten zu versinken. Wem dies jedoch auf Dauer zu wenig erscheint, der ist eingeladen, all die anderen Attraktionen zu erkunden, die das Sultana zu bieten hat. Die orientalische Bibliothek, der Hammam oder die hoteleigene Boutique sorgen für abwechslungsreiche Unterhaltung innerhalb der Hotelmauern. Doch draußen wartet eine ganze mittelalterliche Stadt auf ihre Entdeckung. Moscheen, Paläste, Märkte, ausgedehnte Palmenhaine und persische Gärten bieten ein lebendiges Abbild des muslimischen Alltags.

01 | Das Sultana lädt zu einem königlichen Bad vor grandioser Kulisse.

02 und 03 | Unverzichtbar: Der Blick über die Dächer von Marrakesch

04 | Stimmungsvolles Ambiente: Restaurant auf der Dachterrasse

05 | Sämtliche Details im Interieur halten dem arabischen Stil die Treue.

06 | Dunkle, geschnitzte Balustraden, üppige Ornamentik und ...

07 | ... Möbel in fast draufgängerischem Kolonialstil entführen den Gast in eine andere Zeit.

08 | Kennzeichnend für den Baustil sind die feinen Ziegelsteine, hier aufgewertet mit den farbigen marrokanischen Glasleuchten.

la sultana | 55

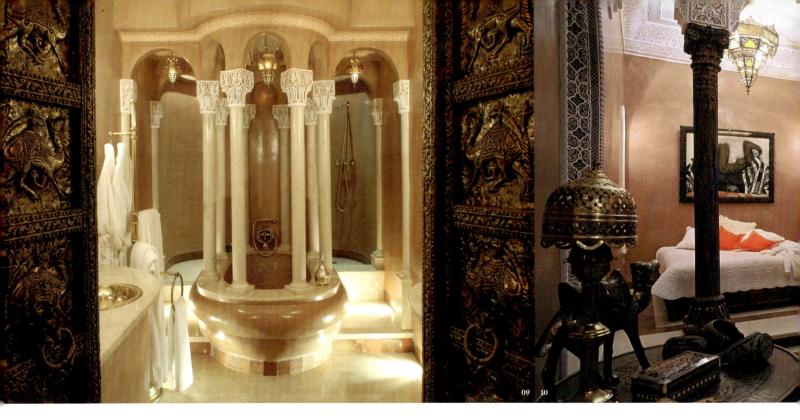

09 | Schwitzen bis zum Steinerweichen – versuchen Sie es mit diesem Marmor!

10 und **11** Schlafen wie in einem Märchen aus Tausendundeiner Nacht

56 | la sultana

12 | Üppige Dekoration gehört hier zum Einrichtungsprogramm.

13 | Königliches Rot und eine rundum mit Ornamenten verzierte Kuppel schmücken die fürstliche Suite.

01 | Der Blick über den Pool zur Villa Jomana, die ganz im traditionellen arabischen Stil eingerichtet ist.

sublime ailleurs | marrakech . morocco
DESIGN: Marie-Claude & Abbas Azzouzi

Arabische Paläste trennen Außen- und Innenwelt immer mit dicken Mauern voneinander. Außen ist Hitze, Staub, Eile, Geschäft und Alltag – wer durch das Tor kommt, findet Schatten, Ruhe, Wasser, Schönheit und Ebenmaß. Das Hotel Sublime Ailleurs ist ein solches Ensemble, in das man fliehen kann, wenn es einem draußen im Alltag zu hitzig und gewöhnlich zugeht. Das Hotel besteht aus zwei traditionellen Villen und einem Palastgebäude, dem Riad, das in einem Palmenhain am Fuß des Atlasgebirges liegt. Allen drei Gebäuden gemeinsam ist die traditionelle maurische Architektur und eine Ausstattung, die typisch marrokanische Stilanleihen aufnimmt und das schlichte Gesamtbild auf elegante Weise prägt.

Das zentrale Gebäude, der Riad Majdouline, ist ein typischer arabischer Palastbau mit unverzierten ockerfarbenen Wänden. Wenige schmuckvolle Akzente werden durch schmiedeeiserne, silberne und kupferne Gitter und Beschläge gesetzt. Der Riad umschließt den ruhigen Patio, in dessen Mitte ein mit hellgrünem Mosaik ausgelegtes Bassin durch Verdunstung die Luft im Innenhof angenehm erfrischt. Ein paar Schritte weiter lädt das Sonnendeck am von üppigem Grün eingefassten Pool zur Siesta. In die vier Suiten des Riad dringt das Sonnenlicht dagegen nur mit gedämpfter Kraft und bringt mit einem ausgeklügelten Lichtspiel die Räume zum Strahlen, ohne sie aufzuheizen.

Es versteht sich von selbst, dass an einem solchen Ort die Erwartungen an ein luxuriöses orientalisches Leben mit gewissenhaftem Hauspersonal, das einem alle Wünsche vorauseilend erfüllt, noch übertroffen werden. Hier ist man ganz Prinzessin oder Sultan. Dies gilt insbesondere für die beiden Villen des Sublime Ailleurs, als deren Gast man rund um die Uhr vom eigenen Butler umsorgt wird. Villa Jomana und Villa Jinane sind beide im traditionellen zweiflügeligen Grundriss erbaut. Sie können jeweils komplett mit beiden Schlafräumen, sozusagen als Privatpalast, gemietet werden. Zu beiden Villen gehört ein eigener Pool, zu dem hin sich die Gebäude öffnen.

Villa Jomana wurde konsequent im marokkanischen Stil eingerichtet. Die typische Bauweise zeigt sich in kühlen, schlichten Wänden, unglasierten Bodenfliesen und marmornen Einbauten. Den warmen Kontrast dazu bilden üppig bunte Kissen aus Seide und eine Sammlung hübscher Kunstgegenstände aus traditionellen Werkstätten.

Villa Jinane huldigt dagegen dem Stil des Art Déco. Sie wurde von den Besitzern Marie-Claude und Abbas Azzouzi als Hommage an die

Zeit der 1920er und 1930er Jahre eingerichtet, als viele europäische Intellektuelle Marokko als ihren Ort der Zuflucht und Inspiration wählten. Diese Epoche spiegelt sich in Möbeln, Stoffen und Kunstgegenständen der Villa Janine wider.

Ein Palast wäre aber noch kein Palast, wenn man dort nicht zu jeder Zeit und an jedem Ort so gut wie allen Sinnenfreuden frönen könnte. So legen die Besitzer, Designer und Manager des Hotels großen Wert darauf, dass ihre Gäste je nach Lust und Laune an jedem beliebigen Ort speisen können. Auch der Masseur schlägt die Massageliege nach dem Belieben der Gäste in den Suiten, an einem der Pools oder in einem Schatten spendenden Pavillon umgeben von herrlich duftendem Jasmin auf.

02 | Die Villa Jinane ist konsequent im Art-Déco-Stil eingerichtet.

03 | Mosaike und Marmor geben den Badezimmern Kühle und Eleganz.

04 | Der Riad bietet vier Gästezimmer, die beiden Villas jeweils zwei Schlafräume.

05 | Der helle, hohe Wohnraum der Villa Jinane ist von Sonnenstrahlen durchflutet, die den Raum jedoch nicht aufheizen.

06 | Die Designer und Besitzer konzentrieren sich auf die Architektur und lassen Form und Materialien für sich sprechen.

07 | Rund- und Spitzbögen, Kassettentüren und Mosaike sind typisch für die traditionelle Bauweise des Sublime Ailleurs.

jnane tamsna | marrakech . morocco
DESIGN: Meryanne Loum-Martin

Im eleganten Villenviertel La Palmeraie von Marrakesch, wo die Palmen wie überdimensionale Staubwedel in den Himmel ragen und man am Horizont die schneeglitzernden Atlasgipfel sieht, steht eines der schönsten Hotels des Landes: das Jnane Tamsna. Die französisch-senegalesische Designerin Meryanne Loum-Martin und ihr amerikanischer Mann Gary Martin haben 15 Fahrtminuten außerhalb des Stadtzentrums ein Hideaway geschaffen, das sowohl zimmerweise als auch als Ganzes vermietet wird. Meryanne und Gary Martin verbinden im Jnane Tamsna die Mystik Marokkos mit der Atmosphäre Afrikas und zählen in diesem Ambiente Modeschöpfer, Sänger und Hollywood-Stars zu ihren Gästen.

Die zehn Zimmer des Hauptgebäudes liegen nach traditioneller Bauweise der Medinas um einen Innenhof herum und faszinieren durch individuelles Design. Hier ein Teppich aus dem Senegal, dort ein Tisch aus Syrien, am Eingang antike Zedernholztüren und am Fenster moderne Eisenlampen, schlichte weiße Kissen und leuchtend pinkfarbene Sofas – kein Raum gleicht dem anderen, aber alle besitzen denselben Chic und Charme, geben sich elegant, puristisch und sophisticated. Gleiches gilt für die beiden Gartenhäuser – im Dar Moussafir stehen fünf weitere Zimmer zur Verfügung, im Dar Illane zwei – und für den Wellnessbereich.

Im orientalischen Hammam werden überlieferte Baderituale gepflegt, und bei Aromamassagen, Meditations- oder Yogakursen lösen sich Verspannungen in Nichts auf. Paradiesische Ruhe herrscht am Pool und auf den Terrassen, die wie geschaffen sind für die Lektüre dicker Urlaubswälzer oder verträumte Blicke in die Wolken. Rund um die Villen, Patios und Veranden von Jnane Tamsna liegt das Paradies: ein farbenprächtiger, blühender und duftender Garten, der das Reich von Gary Martin ist. Der Botaniker setzt ganz auf ökologische Landwirtschaft sowie Solarenergie und pflegt nicht nur prachtvolle Orangen- und Olivenbäume, tropisch angehauchte Palmenhaine und üppige Bougainvilleen, sondern baut auch Obst, Gemüse und Kräuter für die Restaurants von Jnane Tamsna selbst an. Frisch gepresster Orangensaft und hausgemachte Marmelade zum Frühstück, mediterran-marokkanische Menüs zum Lunch und Dinner – und das alles unter freiem Himmel in den Patios serviert: So schmeckt der Süden.

01 | Ein elegantes Hideaway im Villenviertel La Palmeraie: An diesem Pool lesen schon mal Gäste aus Hollywood ihre Drehbücher.

02 | Dieser Lichthof ist ein angenehm temperierter „Schattenhof", in dem man nach dem Besuch des Hammam ruhen kann.

03 | Mit Antiquitäten und edlen Stoffe staffierte die Designerin und Besitzerin Meryanne Loum-Martin das Hauptgebäude und die beiden Gartenvillen aus.

04 | Hier weht einem bereits der Duft des Kräutergartens entgegen.

05 | Im Winter kann auch Marokko seine kalte Schulter zeigen, ein offener Kamin wärmt Räume und Seele.

06 | Man ist zwar noch in Arabien, doch Schwarzafrika ist nicht weit. Die Accessoires und Möbel stammen zum Teil aus dem Senegal.

07 | Bäder und Hammam zeigen sich schlicht und edel in Form und Materialien.

08 | Ein heller Diwan, umrahmt von erlesenen Kunstwerken und Schmuckstücken, verleiht der Lobby fürstliches Flair.

ksar char-bagh | marrakech . morocco

DESIGN: Nicole Grandsire Le Villair, Patrick Le Villair

Im Herzen von Marrakeschs Palmerie liegt das Ksar Char-Bagh. Das Hotel mutet wie ein alter Palast an, ist jedoch komplett neu erbaut worden. Die Gesamtanlage setzt sich aus einem Gefüge von Raumzellen zusammen, das in der Abfolge und Durchdringung von Innen- und Außenräumen einen erlebnisreichen Gang durch das Ensemble ermöglicht.

Die dicken Mauern sind meist in Weiß gehalten – die schweren, gedrechselten Möbelstücke mit ihrer dunklen, glänzenden Holzoberfläche bilden dazu einen gediegenen Kontrast. Türdurchgänge, Säulen und andere Bauteile sind durch reichhaltiges arabisches Dekor in Szene gesetzt. Doch auch hier bleibt alles im selben neutralen Beige, sodass nie der Eindruck von Schwere entsteht. In den intimeren Bereichen wechselt die Wandfarbe zu einem intensiven Rot, das Wärme und Geborgenheit suggeriert und die Räume enger erscheinen lässt. Das Interieur verkörpert die arabische Lebensart: Wandnischen, Teppiche, Sitzkissen aus edlen, gemusterten Stoffen, verschnörkelte Wandleuchten und wertvolle Karaffen lassen ein edles, höfisches Ambiente entstehen.

Mehrere „Harim Suites" stehen den wenigen Gästen zur Verfügung. Insgesamt gibt es nur 26 Betten. Mit Schlafraum, Ankleide, Wohnraum mit offenem Kamin, Bad, einer großen Terrasse im Erdgeschoss sowie einem überdachten Balkon im ersten Obergeschoss sind die Suiten jedoch so groß wie manch kleine Wohnung.

Das Schwimmbad besitzt Romantik: Ein mit Palmen gesäumtes Bassin vor einer turmartig aufragenden, zinnenbewehrten Kulisse lässt das Baden zu einem Ereignis werden. Das Hauptthema des Architekten ist die Verknüpfung von Innen und Außen. Dies spiegelt sich nicht nur im Inneren, sondern auch in den Freibereichen des Hotelpalastes wider.

Der Rückgriff auf alte persische Symbole zeugt von der Traditionsverbundenheit des Entwerfers. So soll mit sich kreuzenden Wasserströmen und Springbrunnen der Paradiesgarten nachempfunden werden. Auch der mittelalterliche Gemüsegarten mit seinen aromatisch duftenden Kräutern und bunten Blüten spricht alle Sinne an. Hier werden die leckeren Zutaten angebaut, die der Küchenchef zu Menüs verarbeitet. Genauso eine Augenweide wie die gesamte Anlage.

1 | Eine Burg wie aus dem Märchenbuch, mit zinnenbewehrtem Turm, doch wurde sie komplett neu gebaut.

02 | Dicke, trutzige Wände in Weiß bringen die Form zur Geltung.

03 | 04 | 05 | Von der filigranen Ornamentik bis zu den schweren Holztüren und ihren Beschlägen, in allen Einzelheiten wird auf Tradition gebaut.

06 | Edle Stoffe und schwere Leuchter zaubern ein edles, höfisches Ambiente.

07 | Die Suite mit offenem Kamin und Raum für Romantik.

08 | Schnörkellose Architektur trifft auf edel anmutenden Zierrat – ein spannungsreiches Ensemble.

dar ahlam | ouarzazate . morocco
DESIGN: Thierry Teyssier

Steinwüstenplateaus ragen aus der Weite des ockergelben Sandes, trutzige alte Wehrburgen säumen die holprigen Pisten, Datteloasen und Palmenhaine bilden grüne Schneisen im kargen Nichts der Wüste. Im Südosten des Landes, wo die Ausläufer der Sahara beginnen, sieht Marokko aus wie der real gewordene Traum orientalischer Exotik eines jeden europäischen Reisenden.

Ein Haus der Träume, denn das bedeutet Dar Ahlam, hat der französische Unternehmer Thierry Teyssier nicht nur im wörtlichen Sinne mit dem in einer renovierten Kasbah untergebrachten Hotel kreiert. 30 Fahrtminuten vom internationalen Flughafen der Provinzhauptstadt Ouarzazate entfernt, in der Oase Skoura im Hochtal des Dadès gelegen, verbindet die Luxusherberge in den historischen Burggemäuern, zu der neben der Kasbah noch drei einzeln zu mietende Villen gehören, französisches Savoir-vivre, modernen Komfort und orientalische Traditionen.

Von der Terrasse blickt man auf die schneebedeckten Gipfel des Hohen Atlas, im Wasser des T-förmigen Swimmingpools spiegeln sich die quadratischen Türme der Burg, im Laternen-Raum hüllt der durch farbiges Glas gedämpfte Schein arabischer Ampeln die weißen Ruhepolster und runden Messingtische in ein gedämpftes Licht. Die edlen Suiten sind alle verschieden gestaltet und eingerichtet. Die Farben Purpur, Mauve, Dunkelgrün, Aubergine und Bordeaux kontrastieren dabei apart mit Naturweiß. Seidenvorhänge, ausgesuchte Antiquitäten, orientalische Teppiche und dunkle Holzmöbel bilden einen kreativen Stilmix aus orientalischer Tradition und funktionaler Moderne. Rundbögen und Erker, wallende Tücher, mit Ornamenten durchbrochene Paravents und Fensterläden mildern das gleißende Wüstenlicht. Stille, abgedunkelte Patios und Wasserbecken, der Umgang mit Licht und Schatten, mit Wasser und Fauna – die Formensprache, die Farben, die Materialien und die Lebenskultur der arabischen Welt finden sich in dem exquisiten Design des Hotels wieder.

Eine Oase in der Oase ist der zwei Hektar umfassende Garten rund um die Kasbah. Der Pariser Landschaftsarchitekt Louis Benech hat in Harmonie mit der natürlichen Fauna und Flora ein grünes Paradies geschaffen. Üppige Bougainvilleen ranken sich am Badehaus empor, Zelte für die Outdoor-Massage locken zur Entspannung unter freiem Himmel, Olivenhaine und Dattelpalmen spenden Schatten am Pool.

Selbstredend kann man an diesem Ort der Ruhe und der Genüsse in einer der diversen Wellness-Einrichtungen auch den Körper verwöhnen und

01 | Die historische Festung in der Wüste wurde von dem französischen Unternehmer Thierry Teyssier in ein elegantes Luxushotel verwandelt.

die Seele baumeln lassen – vom traditionellen arabischen Hammam bis zum türkischen Bad. Die duftenden Seifen und kostbaren Öle dafür kreiert Michèle Gay im hauseigenen Schönheitssalon.

In der Küche schwingen der Maître de Cuisine Fréderick Grasser-Hermé und Patisserie-Experte Pierre Hermé das Zepter. „Tradition trifft Innovation" lautet ihre Devise. Die Küchenmeister offerieren landestypische Gerichte, genauso wie Nouvelle Cuisine.

Abenteuerlustige erkunden mit Abde Samad, dem Guide des Hotels, die Geheimnisse der spektakulären Umgebung. Ein Kamelritt in die Wüste, eine Fahrt mit dem Jeep durch ein Flusstal, Picknick im Tal der Rosen oder den nächtlichen Sternenhimmel bestaunen – auch diese Träume vom exotischen Orient macht das Dar Ahlam wahr.

02 | Wenn es draußen sehr heiß ist, wird der Schatten zum Luxus, werden feine Lichteffekte zum gefälligen Spiel.

03 | Mit geschnitzten Holzdecken, edlen Teppichen und einfachen arabischen Hängelampen bleibt das Interieur im Stil des trutzigen Gemäuers.

04 | Sonnenlicht wird hier auf den Punkt gebracht.

05 | Die Kunst der Lichtführung wird in der Kasbah im Lampenraum zur höchsten Vollendung gebracht.

06 | Das Mobiliar stammt aus traditionellen Werkstätten und sieht fast so aus, als befände es sich schon immer in diesen Räumen.

07 | In den Schlafräumen wird mit breiten Stoffbahnen die Anmutung eines Beduinenzeltes geschaffen.

08 | Nichts lenkt von den dicken Mauern und klaren Formen des Hauses ab.

dar ahlam | 73

09 | Andeutungen in Kolonialstil passen zu dem ehemaligen Militärgebäude und stören seine schlichte Eleganz nicht.

10 | Kleine Fenster lassen nur ein wohldosiertes Maß der heißen Wüstensonne ins Innere der Kasbah.

11 | Die rohe Schönheit der Festung wurde auch in ihrer Ausstattung beibehalten.

12 | Diese schlichten Formen zeigen, wie weit der Reisende hier von der opulenten Ornamentik der marrokanischen Königsstädte entfernt ist.

01 | Garantiert jenseits von Europa: Der Blick über die Steppe Kenias öffnet die Augen für das Wesentliche.

loisaba | laikipia plateau . kenya
DESIGN: Tom Sylvester, Peter Sylvester

Wer in Loisaba als Gast logiert, der mag sich unweigerlich vorkommen wie Robert Redford in „Jenseits von Afrika". Ein Hauch von Ungebundenheit liegt in der Luft der sengenden Sonne. Die Weite von Loisaba erweist sich als eine Oase der Stille. Sie führt einen nah an die Ursprünge eines ganz und gar natürlichen Lebens. Und doch strotzt es vor Abenteuern in der Wildnis, eingebettet in eine fraglos einzigartige Landschaft. Wo also, wenn nicht hier, lassen sich abgestumpfte Sinne einer hektischen Zivilisation revitalisieren, auf dass sie ihre Wiedergeburt erleben.

„Schon nach wenigen Stunden bei uns sehen die Menschen die Welt anders. Ihr Denken über die Grundlagen des Lebens klärt sich und rückt alle anderen Dinge ins rechte Licht." Was gut als Ausschreibung für ein Wochenende der Askese in einem Kloster dienen könnte, beschreibt ein außergewöhnliches Community-Projekt in Kenia: Loisaba versteht sich keineswegs als exquisite Destination mit einem provozierend luxuriösen Leben süßen Nichtstuns. Die Ranch will vor allem einen Beitrag zum nachhaltigen Schutz eines Naturparks leisten. Dazu bindet sie die ansässigen Stämme der Massai und der Samburus als Partner ein.

Diese Rückbesinnung auf traditionelle Werte bestimmt Konzept und Anwesenheit auf der Ranch. In Loisaba werden noch in überkommener Form die Möbel handgefertigt. Die überschaubar wenigen Räume und Cottages haben Strohdächer und stehen auf groben Stützpfeilern. Man blickt direkt in die offenen Dächer hinein und schwebt auf den Terrassen teils über atemberaubenden Abgründen. Farbenfroh und erdig, wie die afrikanische Kultur nun einmal ist, verteilen sich die Accessoires in den wohlig warm gestalteten Zimmern und Bädern. Eine riesige, mehrstöckige Hütte steht für größere Gruppen bereit. Höchsten Steppenluxus bieten zwei „Starbeds"-Unterkünfte. Abgelegen in Tälern und auf Anhöhen errichtet, erlauben sie einen Trip durch die Wildnis von einer Hütte zur nächsten, wo bereits ein blubberndes Bad auf die Ankömmlinge warten.

In Loisaba lässt sich vieles und viel individuell realisieren. Stilles Genießen der Tage in der endlosen Weite der Landschaft gehört genauso dazu wie ein Candle-Light-Dinner in der Steppe mit Rucksack und Zelt. Wer es bewegter liebt, der durchstreift mit dem Mountainbike, zu Pferd oder Kamel den Naturpark. Oder man lässt sich in mineralreiche Schlammpackungen einwickeln. Oder man steigt mit dem hauseigenen Helikopter in die Luft, um Elefantenherden und Wildkatzen zu verfolgen.

02 | Die Schlafzimmer im Loisaba Cottage sind außen roh gezimmert und innen urgemütlich.

03 | Das Badezimmer eines der beiden „Starbeds", die abgelegen vom Zentralgebäude in der Wildnis stehen

04 | Viel Platz, offener Kamin und Butler-Service, das ist Kolonialleben in Vollendung.

05 | Luxus-Cottage mit fröhlich-rauer Schale: die „Starbeds" im Busch

06 | Wer hier diniert, sollte das Fernglas immer zur Hand haben: Die Tierwelt zeigt sich rund um die Öko-Ranch.

shompole | amboseli . kenya

DESIGN: Anthony Russell, Neil Rocher, Elizabeth Warner

Kenias Naturreservate locken schon seit Jahrhunderten die Menschen an. Es sind diese verwegenen Naturromantiker, die sich mit Sack und Pack durch Busch und Savanne schlagen, um der faszinierenden wilden Tierwelt Afrikas nachzustellen. Mit Gefahr im Verzug, was Amors Pfeile anbelangt. Denn der trifft allemal auch in der zentralafrikanischen Steppe. Schnell entflammt die Liebe zur Schönheit des Landes, der Menschen und dem Leben in der kargen Wildnis. Shompole ist ein Camp, das seinen Besuchern ein solches Dasein nahe bringt. Dessen Gründer Anthony Russell gehört zu jener Sorte Mensch, die dem Land im besten Sinne verfallen ist. Auf seine Initiative hin entstand ein Campprojekt, das er mit den Massai dieser Region betreibt. Gemeinsam kümmern sie sich um den Erhalt des Reservates. Den Massai, den Nomaden von einst, eröffnet es eine eigene, neue Lebensgrundlage für die Zukunft.

Wild ist schon die Anreise. An Abhängen und Schluchten entlang führt der Weg fast unmittelbar an die Grenze zu Tansania nahe dem Lake Soda. Dort warten die Hütten des Camps. Opulent ragen sie wie Baumhäuser aus dem Buschland heraus und laden mit weiten, offenen Räumen ein. Auffällig deren Stil: seitlich weiße, kühle Zementwände, dürre Hölzer in unterschiedlicher Stärke aus der Steppe fungieren als Stelen und Pfosten, dazu umspannt ein Geflecht von Wasserpools die Räume. Wenn mittags die Sonne im Zenit steht, wird es hier sehr heiß. Folglich erfordert es für die weniger akklimatisierten Weißen eine erfrischende Unterkunft unter dem Schutz der bleichen Strohdächer. In der Summe entsteht ein Ensemble von einladenden Nischen, traditionell anmutend, fast wie eine zentrale Dorfhütte. Besonders beeindruckt das geräumige Zelt unter dem hohen Dach, in dem sich die Schlafgemächer befinden. Das Zentrum dieser offenen Anlage bildet die Lounge mit ihrem Restaurant, sofern diese urbanen Begriffe angesichts der freien Natur noch taugen. Das Camp präsentiert sich komfortabel. Es arbeitet mit Sonnenenergie und bedient westliche Lebensgewohnheiten.

Von dem gut ausgestatteten Basislager aus lassen sich viele Touren machen. Sie führen zu prähistorischen Stätten an der Wiege der Menschheit oder erkunden die Flamingos am Lake Soda. Wer mag, zieht mit einem Massai an seiner Seite auf eigene Faust los. Auch eine romantische Nacht in einem Zelt außerhalb des Lagers ist denkbar. Denn gemacht wird, was den Besuchern in den Sinn kommt. Safariguide Russell hilft bei der Realisation. Kurzum: Projekt Freiheit! Und dessen Schrei scheint hier nahezu überall zu erklingen.

01 | Das Shompole Camp liegt im Norden Kenias am Lake Soda.

02 | Massai bauten die Hütten des Camps und brachten afrikanische Ästhetik ein.

03 | Nahe an der Natur gebaut: In Form und Materialien sowie dem wirtschaftlichen Modell harmoniert das ökologisch fortschrittliche Projekt mit seiner Umgebung.

04 | Wie Baumhäuser muten die einzelnen Wohnhäuser aus der Ferne an.

05 | Umgeben von fließenden, organischen Formen lässt man die strikte Geradlinigkeit des Alltags gerne hinter sich.

01 | Das Hüttendorf des Resorts liegt am vier Kilometer langen, weißen Sandstrand der Halbinsel Wambaa inmitten unberührter Natur.

fundu lagoon | pemba island . zanzibar

DESIGN: Ellis Flyte

Pemba Island liegt rund 50 Meilen nördlich von Sansibar. Bislang nur rudimentär vom Tourismus erschlossen, gilt sie noch als Geheimtipp. Man nennt sie auch „die immergrüne Insel", da sie eine üppig wuchernde Vegetation aufweist. Das gesamte Archipel ist jedoch besser unter dem Namen „Gewürzinseln" bekannt. Denn aufgrund des tropischen Klimas und des Bodens sind sowohl Sansibar als auch Pemba sehr gut für den Anbau von Gewürzen geeignet. Einst von den Osmanen eingeführt, nahm der Anbau verschiedener Arten von Gewürzen, u.a. Pfeffer, Ingwer, Kümmel und Zimt, stetig zu. Um 1850 war Sansibar der größte Gewürznelkenerzeuger auf der Welt. Der Handel mit Sklaven und Elfenbein hat die Inseln zu einem wichtigen Handelszentrum gemacht. Touristisch bekannt ist die Insel vor allem für ihre Gezeitenströme und den lebhaften Meeresboden. Sie besitzt noch intakte Korallenriffs, die ihren ganz eigenen Kosmos offenbaren und von Insidern hinter vorgehaltener Hand als eines der schönsten Tauchreviere bezeichnet werden.

Eingebettet in diese Mischung aus wilden Gerüchen und purer Natur ist das Öko-Luxus-Resort Fundu Lagoon. Es liegt in der unberührten Küstengegend der Halbinsel Wambaa an einem traumhaften, über vier Kilometer langen, weißen Sandstrand. Das Resort besteht aus 14 Bungalows, zwei Bars und einem Restaurant. Auffallend ist der offene, archaische Baustil, der regionale Traditionen aufnimmt. Die einzelnen Bungalows gruppieren sich um einen zentralen Teil, der Rezeption, Restaurant und Services beherbergt. Wegen der Strandnähe und des sandigen Untergrundes ist die gesamte Wegeführung eine Ebene nach oben versetzt. Stege aus wetterbeständigem Hartholz führen zu den einzelnen Zimmern, die teils unter Bäumen, teils auch direkt am Strand mit Blick über die Bucht liegen. Die einzelnen Bungalows sind ebenfalls aus Holz konstruiert, die Dächer sind mit Palmblättern (Makuti) gedeckt. Dadurch entsteht der Eindruck eines traditionellen Dorfes, das so auch von der ortsansässigen Bevölkerung bewohnt werden könnte.

Jedes Zimmer verfügt über einen eigenen, nach Süden auf die Bucht gerichteten, möblierten Balkon. Das Ethno-Mobiliar ist hauptsächlich aus lokalen Materialien hergestellt. Entspannung und Inspiration sind da garantiert, zumal der Gast auch noch durch aufmerksamen Service und aromatische Gaumenfreuden verwöhnt wird.

02 | Archaische Möbelstücke harmonieren mit der gesamten Bauweise der Öko-Lodge.

03 | So wohnt man auf Sansibar – die Bauweise und Einrichtung der Bungalows ähnelt den typischen dörflichen Bauten in vielen Details.

04 | Schlichtes Holz, helle Textilien und ein Dach aus Palmblättern – ideal für das Klima im Indischen Ozean.

05 | Die unberührte Natur und ein wunderschönes Korallenmeer sind wahrer Luxus, der hier mit vielen Annehmlichkeiten der Zivilisation zusammentrifft.

01 | Puristisches Design und das klare Blau von Pool, Meer und Himmel ergänzen sich perfekt.

02 | In der Intendance-Bucht am Südende der Insel Mahé leuchten die 37 Bungalows des Banyan Tree aus dem üppigen Tropenwald.

banyan tree seychelles | mahé . seychelles

DESIGN: Architrave Design & Planning Co., Ltd.

Am südlichen Ende der Hauptinsel Mahé, mit 27 Kilometern Länge und acht Kilometern Breite die größte des Archipels, liegt das Banyan Tree Seychelles eingebettet in die Intendance-Bucht. Die 47 Villen und das Hauptgebäude mit Lobby und Restaurant leuchten als weiße Holzbauten im Kolonialstil im tropischen Grün der üppig bewachsenen Hügel rund um die Bucht. Jedes Gebäude öffnet sich mit privatem Pool, Sonnendeck und Veranda hin zum Meer und bleibt dennoch vor unerwünschten Einblicken durch Palmen und Vegetation geschützt.

Die Perle in diesem Schmuckkästchen ist die Präsidentenvilla, ein großzügiger Stelzenbau mit 446 Quadratmetern Wohnfläche, die abgeschieden in einer eigenen Privatbucht liegt. Mit eigenen Wohn- und Speisepavillons, einem in einen Granitfelsen eingebauten Unendlichkeits-Pool, einem separaten Sonnendeck mit Freiluft-Jacuzzi und -Dusche wurden hier alle Register des kolonialen Luxus gezogen. Nicht weniger beeindruckend zeigen sich die Beachfront Villen in ihrer Ausstattung. Verfügen sie doch, trotz direktem Zugang zum blütenweißen Strand und unverschämt türkisblauen Meer, über die größten Privatpools der Anlage. Die hoch in den Hügeln gelegenen Intendance-Villen bestechen dagegen mit einem grandiosen Blick über die gesamte Bucht. Wohnpavillon, Sonnendeck, Pool und sogar ein separater Massagepavillon sind hier auf verschiedenen Ebenen zwischen großen Granitblöcken in die Hügel eingestreut.

In Bauweise und Ausstattung der Villen zeigt sich das Resort als zeitgenössische Designvariante eleganten französischen Kolonialstils. Die weiß gestrichenen Holzbauten verfügen über großzügige überdachte Veranden. Dunkle Holzmöbel mit tiefen Sitzflächen und ebensolche Tagesbetten, die in Werkstätten auf den Seychellen im traditionellen Stil gefertigt wurden, verlocken allzeit zu einem Nickerchen auf hellen, weichen Polstern. Dunkles Holz und helle Stoffe harmonieren mit den Erdtönen der Böden und Wände in den Gästezimmern. Schlichte Lampen und abstrakte Beispiele traditioneller Mal- und Schnitzkunst der Seychellen als Schmuckelemente unterstreichen die offene, leichte Atmosphäre der Räume. Auch in den hohen, hellen Räumen von Lobby und Restaurants wird diese Kombination aus roher, ursprünglicher Möblierung und geradlinig designtem Minimaldekor umgesetzt und steht für exotisch angehauchten Chic ohne Pomp.

Selbst der Pool des Resorts wurde als moderne architektonische Annäherung an die Insel gestaltet. Als strenges, lang gezogenes Rechteck ragt er wie ein Fingerzeig zum Indischen

Ozean hin und schmiegt sich doch an einer Seite mit zarten Rundungen an die Granitfelsen der Bucht. Das schon mehrfach preisgekrönte Spa-Programm der Banyan Hotels bietet eine beeindruckende Auswahl an Schönheitskuren, Bädern und Massagen, die die Erfahrung und Heilverfahren verschiedener Kulturen der Welt vereint. Diese reichen von der königlichen Massage aus Thailand, einem Bad im Regennebel, balinesischem Boreh, javanesischem Lulu bis zu hawaiianischem Lomi Lomi und sollen zur Entspannung, Reinigung, Wiederbelebung, Verjüngung und sogar Erneuerung der Gäste beitragen. Als fein abgestimmtes Rundum-Programm aus äußerlichen und innerlichen Anwendungen erscheinen die Kuren so perfekt wie die tropische Umgebung, deren Anblick bei der Freiluftmassage im Spa-Pavillon sicherlich zusätzliche Heilkraft entfaltet.

03 | Die Villen liegen verstreut zwischen den Granitfelsen der steil ansteigenden Bucht, alle mit eigenem Pool und bezauberndem Ausblick.

04 | Die großzügige Veranda des Restaurants vor dem Hauptbau des Banyan Tree

05 | Erdige Töne und traditionelles Dekor unterstreichen die offene und leichte Atmosphäre der Gästezimmer und Suiten.

06 | Im preisgekrönten Spa werden die Gäste mit ganzheitlichen Kuren verwöhnt, die auf verschiedenen Heiltraditionen der Welt basieren.

07 | Alles, was grün ist - in diesem Klima fühlen sich auch zarte Pflänzchen wohl.

01 | Sieben Traumstrände in allen Himmelsrichtungen warten auf die maximal 40 Gäste.

02 | Allein zu Gast in üppig grüner Natur, in einem Reservat für Körper und Seele, weitab der Zivilisation

frégate island private | seychelles . indian ocean
DESIGN: Wilson & Associates

Es gibt Destinationen, die besitzen keine Postadresse. Wie auch, wenn sie zu den wenigen noch nahezu unberührten Flecken auf dieser Welt gehören. Wir befinden uns mitten im Indischen Ozean: 56 Grad östlich und 4,5 Grad südlich, unweit des Äquators. Frégate Island heißt das kleine Paradies. Überschaubare drei Quadratkilometer Landmasse mit Felsen aus Granit ragen aus dem Meer heraus. Vor Zeiten suchten hier Piraten Unterschlupf, jahrhundertelang unbemerkt.

Auf dieser entlegenen Scholle würden sich Fuchs und Hase, gäbe es sie, Gute Nacht sagen, so fern scheint jedwede Zivilisation. Mildes tropisches Klima und wucherndes Grün bestimmen die Natur. Ein Refugium aus Kokospalmen, Banyan-Bäumen und Buchten, das seltenen Vögeln sicheren Schutz gewährt. An einsamen Stränden aus Sand wie feinstem Puderzucker nisten Riesenschildkröten. Über das türkisfarbene Wasser streift der Fregattvogel, spannt seine riesigen Flügel auf, um dann abrupt in die Tiefe nach Beute zu stoßen.

Der ungenannt bleiben wollende Inselbesitzer hat es sich zur Aufgabe gemacht, dieses Naturreservat mit seinem sensiblen Ökosystem zu schützen. Hierzu leisten die Besucher durch satte Tagespreise ihren finanziellen Beitrag. Dafür haben sie Anteil am selten gewordenen Luxus auf einem der letzten natürlichen Rückzugsorte des Globus zu weilen. Untergebracht in großzügigen Villen, die sich in Architektur und Aussehen ganz in die üppige Umwelt einpassen. Aus der Ferne sehen diese Dschungelresidenzen aus wie Baumhütten. Solitär thronen sie auf Klippen, wie Vogelhorste, und geben eine atemberaubende Aussicht auf das Inselparadies frei.

Nur gerade mal 16 Villen existieren auf dem Eiland. Ein Geflecht von Wegen verbindet sie. Zum Glück, denn sonst käme man sich ziemlich verloren vor. Ihre Einrichtung ähnelt ein wenig dem Kolonialstil der Jahrhundertwende. Balinesische und thailändische Figuren und Accessoires verströmen dazu einen Hauch von Exotik. Mobile Glaswände und weite Türflügel heben die starre Trennung von innen und außen auf. Wer hier herkommt, der lebt Tür an Tür mit einer einzigartigen Natur.

Dem anspruchsvollen Retreat mit westlichem Standard mangelt es nicht an zahlreichen Annehmlichkeiten: hauseigene CD- und DVD-Anlagen etwa, Klimaanlage selbstredend, ein alles umfassender Fullservice und ein Essen mit Gourmetansprüchen, das aus dem Reichtum der Insel schöpft.

Wer mag, lässt sich von einer Thai-Massage auf der eigenen Terrasse verwöhnen oder schöpft aus dem Vollen der Anwendungsvielfalt im nagelneuen, sehens- und besuchenswerten Spa. Hochseeangeln, Yachtsegeln, Korallentauchen, ja selbst Golfen auf einer der Nachbarinseln sind möglich, genauso wie von Biologen geführte Naturwanderungen oder Mountainbike-Touren. Frégate Island Private bietet ein Leben, von dem damals wie heute Piraten und Postboten nur träumen können.

03 | Die 16 einzeln stehenden Villen sind durch ein Geflecht von Wegen verbunden.

04 | Die Natur kennt hier keine Grenzen, die Gebäude stehen ihr offen.

05 | Die Villen erinnern in Bauweise und Einrichtung an balinesische Dschungelresorts.

06 | Alle Räume bestechen zwar durch ihre Offenheit, können aber auch klimatisiert werden.

07 | Wer im Glashaus sitzt ..., kann hier mit Blick auf den Indischen Ozean ein Bad nehmen

lémuria resort of praslin | praslin . seychelles
DESIGN: Jean-Marc Eynaud

Wenn am Morgen weiches Tropenlicht dem Raum einen goldenen Schimmer verleiht, durch die dunklen Holzlamellen Palmen blitzen und der Indische Ozean, dann weiß man, dass an einem solchen Tag nicht mehr viel schief gehen kann. Im Lémuria Resort of Praslin lebt man inmitten einer kinotauglichen Kulisse. Architekt Jean-Marc Eynaud hat sich für das Fünf-Sterne-Haus eine der schönsten Küsten der Seychellen ausgesucht; gerade einmal 15 Flugminuten von Mahé entfernt. Hügel wie aus dunkelgrünem Samt, Granitfelsen, an denen Wind und Wasser ihre Spuren hinterlassen haben, und bezaubernde Buchten wie die Anse Georgette, zu der ein nur Insidern bekannter Privatweg führt und die der beste Platz für ein Strandpicknick ist.

Das Resort wurde 1999 als erstes Luxushotel der Seychellen eröffnet, besitzt ein exklusives Spa Guerlain sowie den einzigen 18-Loch-Golfplatz der Inseln und hat sich der Harmonie zwischen Architektur und Natur verschrieben. Die tropische Flora mit der Heckenschere zu stutzen, käme hier einer Todsünde gleich – und so stehen die Gebäude aus Granit, Marmor, Holz und Stroh inmitten eines Märchendschungels. Sogar die Lichtquellen wurden so indirekt eingerichtet, dass sich die Schildkröten nicht gestört fühlen, die nachts an den Stränden nisten und deren Reviere ein hoteleigener Turtlemanager mit Argusaugen bewacht.

Einen wirkungsvollen Kontrast zur üppigen Außenwelt setzt das schlichte Interior Design des Lémuria Resorts: mit dunklen Möbeln und klaren Linien, Stoffen in warmen Tönen und Accessoires mit dem Flair Afrikas oder Asiens. Dieser Balanceakt zwischen purem Luxus und elegantem Understatement gelingt neben den 96 Suiten vor allem den acht neuen Villen und der 1.250 Quadratmeter großen Präsidentenvilla – jede mit Pool, Open-Air-Bad und Massagepavillon; Schlafzimmer, Salon mit Panoramafenstern und persönlichem Butler, der Wünsche erfüllt, noch bevor sie ausgesprochen werden.

In der Abenddämmerung sollte man dieses private Paradies jedoch zumindest kurz verlassen, denn dann ist das Hauptgebäude hoch über der Anse Kerlan der schönste Platz des Lémuria: Wenn sich die mächtigen Tore zur Lobby öffnen, blickt man durch den weiten Raum über kaskadenartige Pools bis hinunter zum Meer – und genießt anschließend im Restaurant „The Legend" internationale Menüs, verfeinert mit den Aromen der Seychellen.

01 | Das erste Luxus-Resort der Seychellen wurde 1999 eröffnet und gehört noch immer zu den attraktivsten Adressen der Inselgruppe.

02 | Sogar die fröhlichen Kissen erinnern an den Panzer von Schildkröten, die hier von einem eigenen Turtlemanager betreut werden.

03 | Dunkles Holz, helle Stoffe, klare Linien. Das Interieur ist betont schlicht ...

04 | ... und doch ausgesprochen leger und gemütlich.

05 | Archaische Formen in einen eleganten Lampenfuß übersetzt

01 | Die Lobby-Lounge: Architektur im Einklang mit der Natur

north island | seychelles

DESIGN: Silvio Rech & Lesley Carstens Architecture and Interior Architecture

Wenn es regnet im Paradies, ist auch das ein Genuss. Die dicken Tropfen prasseln auf die mit archaischen Schnitzereien verzierte Holzveranda und den villaeigenen Plungepool. Wie afrikanische Trommelwirbel, das vom Himmel herabstürzende Wasser spielt seinen eigenen, betörenden Blues und tanzt dazu auf den Planken. Man selbst versinkt bei Kerzenschein in der überdachten Freiluft-Lounge ins weiße Polster und kann sich glücklich schätzen.

„Robinson in Luxus", wenn dies irgendwo passt, dann hier. Keine Frage, es kostet seinen Preis. Keine Frage auch: die Zielgruppe, die sich das leisten kann, ist ausreichend groß. Doch auch wer nicht in Geld schwimmt, diese Adresse zählt zu den „Ein-Mal-im-Leben-Geschenken", für die es sich lohnt zu sparen. Selten sind Natur und Architektur so harmonisch miteinander verwoben worden. Virtuos hat es das Architekten- und Designerpaar Silvio Rech und Lesley Carstens verstanden, urige Gemütlichkeit und meditativen Purismus zu kombinieren. Hier ein Boden mit sägerauen Dielen, dazwischen dicke Polster und ein Meer aus plüschigen Kissen, darauf modernes Architekten-Mobiliar. Hier ein in den Fels gehauener Pool, dort ein minimalistischer, spiegelglatter Wasserkanal. Materialien, Farben, Licht-und-Schattenspiele – alles ist vortrefflich inszeniert. Eine Wohltat für die Augen und der Beweis: Gelungene Architektur ist maßgeblicher Faktor fürs Wohlgefühl. Und sie inspiriert.

Ermöglicht hat das eine von Visionen beseelte Eignergruppe um den Deutschen Wolfgang Burre. Kaum zu glauben, aber wahr: Sie kauften die gesamte Insel rund 15 Helikopterminuten entfernt von Mahé und erlaubten sich den Luxus, sie mit nur 11 Gästevillen auszustatten. Sie sind an einem der insgesamt fünf Traumstrände so versteckt zwischen die Palmen gesetzt, dass die Insel schon aus ein paar hundert Metern Entfernung wie unbewohnt wirkt.

Ganz im Sinne von Wolfgang Burre, der die Ursprünglichkeit der Insel mit all ihren Pflanzen- und Tierarten erhalten möchte. Sogar auf einen Bootsanlegesteg hat er verzichtet. „Stört die Optik und macht bequem", so Burre. Wer ausnahmsweise mit dem Boot anreist, darf deshalb die letzten paar Meter durch das smaragdgrüne Wasser auf weichem, weißem Sand waten. Spätestens dabei wird die innere Uhr auf Entspannung geschaltet.

Sehr bequem sind die fast verschwenderisch großzügigen Behausungen. Auf nicht weniger als 450 Quadratmetern gibt es zwei verglaste Wohn- und Schlafeinheiten mit Klimaanlage. Ihre versetzte Anordnung bietet auch bei der Belegung mit Familie oder Freunden jedem seine Privatatmosphäre. Jeder hat dazu ein üppigromantisches Steinbad und eine Freiluftdusche. Grund genug, dieses Ambiente in vollen Zügen zu genießen. Nicht einmal zum Essen muss man es verlassen. Der persönliche Butler kommt mit dem persönlichen Koch und verzaubert die Gaumen.

02 | Blick über das in den Fels geschlagene Schwimmbad auf den Strand und die Gästehäuser

03 | Bar im Wassersport-Pavillon

04 | Wer sich in den eigenen vier Wänden massieren lassen möchte, voilà. Die durch einen Korallenvorhang geschützte Liege ist fest integriert.

05 | Jede der 11 Villen hat ihre private Lounge.

Natürlich gibt es viel mehr zu entdecken. Wer bleibt da schon „zu Hause"? Also schwingt man sich auf den zum Inventar zählenden Elektro-Buggy und fährt zum Lobby-Deck, setzt sich ins nicht minder attraktive Restaurant, steigt hinauf zum Hauptpool oder noch höher in den Spa. Oder man kurvt vorbei an den Gemüsebeeten durch den Dschungel auf die andere Inselseite zum Honeymoon-Beach. Am besten nachmittags. Denn eines darf man sich einfach nicht entgehen lassen: den Sonnenuntergang am daneben liegenden West Beach. Weißer Sand, so weit das Auge reicht, Sitzsäcke, Lagerfeuer, Vogelgezwitscher und ein Glas Wein. Wahre Romantik eben.

06 | Nahtloser Übergang von der Holzterrasse zum Strand an der West Beach Bar

07 | Ein Korallenvorhang trennt die beiden Wohn- und Schlafzimmer in jeder der 11 Villen.

08 | Plungepool mit Tagesbett

09 | Größer als das verglaste und klimatisierte Schlafzimmer sind die halb offenen Bäder, bei geöffneten Türflügeln mit Blick aufs Meer.

10 und 12 Kunstvolle Schnitzereien erfreuen das Auge.

11 | Frühstück am Strand oder Dinner im Restaurant. Ein Großteil des kulinarischen Angebots stammt aus eigenem Anbau.

belle mare plage the resort | poste de flacq . mauritius

DESIGN: Jean-Marc Eynaud, Martin Branner, Colin Okashimo

Wer den Begriff „Resort" hört, denkt schnell an klotzige Bettenburgen, überdimensionale all-you-can-eat-Buffets und Animation bis zum frühen Morgen – doch keine Sorge: Belle Mare Plage The Resort ist von solchen Urlaubsszenarien Welten entfernt. Das Fünf-Sterne-Hotel steht an der Ostküste von Mauritius – der zwei Kilometer lange Sandstrand direkt vor der Tür gehört in die Kategorie „kinotauglich" – und ist seit seiner kompletten Renovierung im Herbst 2002 eine der ästhetischsten Adressen der Insel.

Architekt Jean-Marc Eynaud hat Gebäude, Außenanlagen und Strand zu einer selbstverständlichen Einheit voller Raum, Weite und Leichtigkeit verbunden. Sein Design ist klar, reduziert und edel – sei es in der erhöht gelegenen Lobby mit Blick über die Pools bis zum Ozean oder in den Zimmern. Die 235 Gästezimmer und Suiten erinnern ein bisschen an den modernen Minimalismus Balis. Sie setzen auf Holz, Marmor und Glas und verzichten mit Ausnahme duftender Frangipani-Blüten völlig auf überflüssigen Kitsch. Seit wenigen Jahren besitzt Belle Mare Plage auch 20 Villen, die der Vorstellung vom Paradies schon ziemlich nahe kommen. Hier gehören nicht nur zwei bis drei Schlafzimmer und Bäder, Hightech sowie ein eigener Pool zum Standard, sondern auch ein persönlicher Butler. Er serviert mauritischen Tee, tropische Drinks und Dinner im Kerzenschein, breitet Strandlaken aus, reinigt die Sonnenbrille von Sand- oder Sonnencremespuren und kümmert sich um die Abschlagzeiten auf den beiden hoteleigenen 18-Loch-Golfplätzen „The Legend" und „The Links", auf denen übrigens jedes Jahr die Mauritius Open ausgetragen werden.

Vergleichbar gut ist das Feriengefühl im Shiseido-Pavillon: Die Wellnessoase ist in einer eigenen Villa um einen asiatisch angehauchten Patio herum untergebracht und bringt Körper und Seele in ein nie geahntes Gleichgewicht. Schlendert man anschließend über die Wege von Belle Mare Plage zu den neuen Skulpturen, die der Kanadier Colin Okashimo zwischen den Häusern aufgestellt hat, inspiriert diese Kunst gleich doppelt und lässt die Mythen von Mauritius aufleben: Die schlichten Keramikzylinder sind als Hommage an die Farben der mauritischen Sonnengöttin rot, blau und grün bemalt und stehen auf Arealen voller Lavasteinen und Zuckerrohr – Erinnerungen an den vulkanischen Ursprung der Insel und ihren Reichtum.

Kaum einen Wunsch offen lässt das Hotel auf kulinarischem Gebiet. Neben dem Hauptrestaurant „La Citronelle" ist das neue „La Spiaggia" mit mediterraner Küche und traumhaftem Meerblick zum Lieblingsplatz geworden.

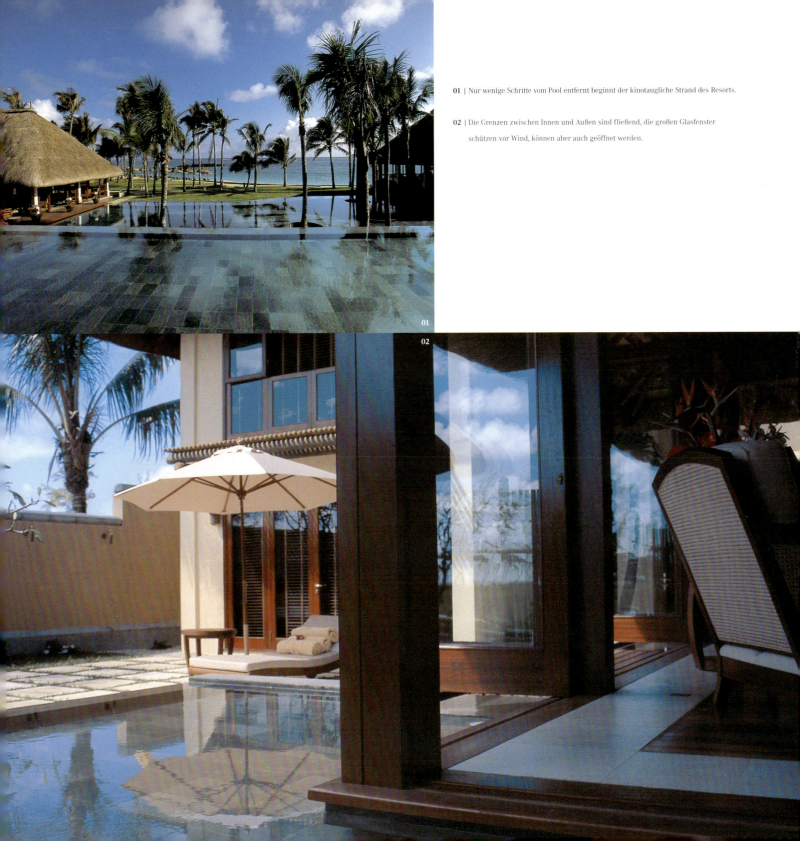

01 | Nur wenige Schritte vom Pool entfernt beginnt der kinotaugliche Strand des Resorts.

02 | Die Grenzen zwischen Innen und Außen sind fließend, die großen Glasfenster schützen vor Wind, können aber auch geöffnet werden.

Ein spannendes Kontrastprogramm bieten das mauritisch orientierte „Deer Hunter" im Clubhaus des Golfplatzes „The Legend" (mit etwas Glück kann man hier abends Java-Hirsche und Rehe über den Course ziehen sehen!) und das „Blue Penny Café" im Hauptgebäude, wo Sternekoch Michael Scioli in coolem Ambiente französische Haute Cuisine serviert.

03 | Eine Lounge zum Lümmeln, darüber ein Dach wie in asiatischen Bauten

04 | Helle, klare Architektur verleiht den Gästezimmern Transparenz.

05 | Luft und Licht werden unter den offenen Palmendächern auf raffinierte Weise gefiltert.

06 | Die Poollandschaft ist asiatisch inspiriert und setzt auf betont klare Linienführung.

07 | Stufen und Dächer schaffen hier verschiedene Lichträume für die Gäste.

le prince maurice | poste de flacq . mauritius

DESIGN: Jean-Marc Eynaud

Lange bevor Mauritius dank seiner Palmenstrände und türkisfarbenen Lagunen zum Urlaubsparadies wurde, war es als Ankerplatz der Gewürzhändler bekannt. Diese längst vergangene Epoche lässt Le Prince Maurice wieder aufleben – das Luxushotel an der Nordostküste ist eine Hommage an Prinz Mauritz von Oranien und Nassau, der die Insel im Indischen Ozean als einer der ersten Seefahrer erreichte. Wer heute über eine hölzerne Brücke ins Hotel tritt, atmet vom ersten Moment an den Duft von Mauritius: Die salzige Meeresbrise mischt sich mit exotischen Aromen wie Ylang-Ylang, Zimt und Anis und betört alle Sinne.

An ein Hotel im herkömmlichen Sinne erinnert im Le Prince Maurice nur wenig: Die Zimmerschlüssel werden nicht am schmucklosen Brett, sondern in zwei Holztruhen aufbewahrt, und die Computer der Rezeption stehen von dunklen Glasplatten verborgen unter den Tischen. Man blickt über ein leise rauschendes Wasserbecken auf den Pool, der direkt ins Meer zu fließen scheint, genießt das Spiel aus Licht und Schatten sowie die Symmetrie und Harmonie der Lobby. Auf elegantes Understatement und leisen Luxus setzt Architekt Jean-Marc Eynaud auch in den großzügig designten 76 Junior Suiten und 12 Senior Suiten, die mit dunklem Holz, hellen Stoffen und traumhaften Bädern ausgestattet sind. Die Sicht auf die Lagune oder den tropischen Park ist Erholung de luxe für die Augen. Einige Suiten thronen sogar auf Stelzen über dem Wasser. Privatsphäre pur verspricht die 350 Quadratmeter große Princely Suite inklusive verwunschenen Patios, Open-Air-Bad und zwei Pools.

Der duftenden Vergangenheit der Trauminsel haben sich auch die zwei Restaurants verschrieben. Im „L'Archipel" verfeinern die Küchenchefs europäische, afrikanische und asiatische Menüs mit mauritischen Aromen, und „Le Barachois" serviert feinsten Fisch – das einzige schwimmende Restaurant von Mauritius ist übrigens der perfekte Platz für einen Blick in den Sonnenuntergang. Wer tagsüber beim Sonnenbad den Zustand vollkommener Entspannung noch nicht ganz erreicht hat, kann im Institut de Guerlain Abhilfe schaffen oder unter Palmen Tai-Chi lernen. Und für alle, die mit neuer Energie aktiver sein möchten, liegen die zwei 18-Loch-Golfplätze des Schwesterhotels Belle Mare Plage nur 15 Minuten entfernt.

01 | Symmetrie und Harmonie bestimmen den Bau des Le Prince Maurice.

02 | Es muss nicht immer Strand sein, vor allem nicht nach der Massage im Spa des Hotels.

03 | So mag sich Prinz Mauritz von Oranien und Nassau, einer der ersten Europäer auf Mauritius, hier auch eingerichtet haben. Nach ihm ist das Luxushotel benannt.

04 | Kolonialstil de luxe: Dunkles Holz harmoniert mit hellen Stoffen und hellen Wänden.

05 | Schlicht und schön: bequeme Korbmöbel im Wellnessbereich

06 | 76 Junior und 12 Senior Suiten gehören zum Hotel, einige sind auf Stelzen über dem Wasser gebaut.

01 | Bad einer Ocean-Suite

one&only le touessrok | trou d'eau douce . mauritius

DESIGN: Macbeth Architects, Ridler Shepherd Low, Hirsch Bedner & Associates

Weil wir heute in der Regel mit dem Flugzeug anreisen, lässt sich nur noch erahnen, wie verloren die gerade mal 1.900 Quadratkilometer große Insel Mauritius in der Weite des Indischen Ozeans liegt. Mehr als 2.000 Kilometer sind es bis zum afrikanischen Kontinent, immer noch 800 bis Madagaskar. Das Etikett „Trauminsel" verdankt Mauritius, neben dem immer gleich bleibenden sonnigen Wetter am südlichen Wendekreis, vor allem seinen feinsandigen Stränden an türkisblauen Lagunen und den luxuriösen Hotelanlagen.

Im Osten der Insel, wo die Strände noch ein wenig weißer, das Wasser noch ein wenig blauer ist, liegt das One&Only Le Touessrok, das Ende 2002 nach einer umfassenden Renovierungsphase wiedereröffnet wurde. Das Resort mit seinen 200 Zimmern und Suiten präsentiert sich nun in einem eleganten, zeitgemäßen Stil, zu dem die zahlreichen von Philippe Starck designten Möbel und Badezimmereinrichtungen maßgeblich beitragen. Den anreisenden Gast empfängt ein gigantischer Banyanbaum vor der lichtdurchfluteten Lobby, die den Blick zum Hauptpool und über die gesamte Bucht von Trou d'Eau Douce freigibt. Ein Teil der weitläufigen Anlage zieht sich einen sichelförmigen Strand entlang, der Hibiscus Wing genannt wird.

Eine geschwungene Holzbrücke schafft die Verbindung zu Frangipani Island mit den Suiten und dem neu gebauten Givenchy Spa, der obwohl nur fünf Minuten vom Haupthaus entfernt, eine Welt für sich ist. Man betritt den Spa, in dem ausschließlich Produkte des berühmten Pariser Parfum-Hauses verwendet werden, durch eine lang gestreckte Eingangshalle mit stuckverzierten Wänden in matten Goldtönen. Die mit Tropenhölzern ausgestatteten, in beruhigenden Farben gehaltenen Behandlungsräume haben große Panoramafenster, um möglichst viel natürliches Licht einzulassen. Traumhafte Entspannung verspricht die vierhändige Ylang-Ylang-Massage, während die Canyon Love Stone Therapie darauf abzielt, Muskelverspannungen zu lösen. Wem bei so viel Entspannung nach sportlicher Aktivität zu Mute ist, dem bietet sich ein breites Spektrum an Wassersportarten. Golfer kommen auf dem neu eröffneten, von Bernhard Langer konzipierten 18-Loch-Golfplatz auf der gegenüberliegenden Ile aux Cerfs auf ihre Kosten.

02 | Blick auf die Hotelbucht mit Frangipani Island

03 und 04 Ruheraum im Spa und Empfangsbereich des Spa

05 | Das Hauptrestaurant Three Nine Eight mit Schauküche – eine von insgesamt neun Küchen

06 | Lounge in der Eingangshalle

07 | Von allen Schlafräumen schaut man auf das Meer.

08 | Essbereich einer Ocean-Suite auf Frangipani Island

09 | Abendstimmung am Hauptpool

10 | Von der Barlen's Bar auf Frangipani Island genießt man einen traumhaften Blick über die Bucht Trou d'Eau Douce.

one&only le touessrok | 119

the residence mauritius | belle mare . mauritius

DESIGN: Jean Paul Ruaudel, Christian Denizot, Hirsch Bedner & Associates

In den letzten Jahrzehnten hat sich auf Mauritius eine sehr lebendige Strandhotelkultur etabliert. Insgesamt zählt die Insel rund 90 Hotel- und 60 Apartmentanlagen. Massentourismus, der auf anderen tropischen Inseln zu finden ist, gibt es jedoch auf Mauritius nicht. Und es soll ihn auch in Zukunft nicht geben. Dafür steht die Politik des Landes, die auf eine behutsame, umweltverträgliche Entwicklung des Fremdenverkehrs setzt. Dies gilt insbesondere für die Hotelbranche. Der Bau von Hotels unterliegt strengen gesetzlichen Auflagen. Die Häuser müssen sich in Größe und Architektur in ihre Umgebung einfügen und eine Reihe von Qualitätskriterien erfüllen, die das Mauritische Fremdenverkehrsamt MTPA regelmäßig überprüft. Auch der Hotelkomplex des Residence musste sich diesen Regeln unterordnen. Er befindet sich direkt an der Ostküste – außerhalb der Sichtweite benachbarter Anlagen – und besteht aus mehreren Gebäudeteilen, die harmonisch in die Landschaft eingebettet sind. Kein Gebäude ragt über die Baumwipfel hinaus.

Die Architektur des Hotels erinnert an koloniale Zeiten. Die Briten waren einst Herren der Insel und hinterließen deutliche Spuren, die sich bis in die Gegenwart auswirken. Ankommende Gäste begegnen zuerst der hohen Eingangshalle mit mächtigen Rundsäulen, die als eine Art überdachte Passage vom Haupteingang bis zu einer Freiterrasse überleitet, von der aus sich ein grandioser Blick über die türkisblaue Lagune eröffnet.

Die Ausstattung ist in fein abgestimmten Beigetönen gehalten und bedient sich kolonialer Vorbilder. So wurden beispielsweise aus Korb geflochtene Stühle mit weißen Sitzkissen, stoffbezogene Lampen und dunkles, schweres Mobiliar zu einem stimmigen Ensemble arrangiert. The Residence umfasst 151 große Zimmer – wahlweise mit Garten- oder Seeblick – und 20 luxuriöse Suiten, die allesamt fast schon etwas überschwenglich ausgestattet sind. Horizontale Schiebeläden vor den Fenstertüren filtern das eindringende Sonnenlicht und erzeugen ein Spiel von Licht und Schatten. Für die Bäder wurde eine Kombination aus Holz und Marmor gewählt; die vorherrschenden Farben sind dabei der Palette der Erdtöne entnommen: Beige und Braun, sandige und honigfarbene Nuancen erzeugen eine ruhige Grundstimmung in den Wohnbereichen.

Das Hotel ist im Besitz eines kilometerlangen privaten Sandstrandes, der Intimität und ungestörtes Baden garantiert. Die Lage an der Ostküste der Insel eröffnet den Besuchern optimale Wassersportmöglichkeiten, unter anderem Tauchgänge zur Erkundung der nahe

01 | Hier stimmt jedes Detail: The Residence ist durch und durch im Kolonialstil gestaltet.

liegenden Korallenriffe oder Bootsausflüge zu den vorgelagerten, kleineren Inseln. Die hervorragenden Windverhältnisse haben den nah gelegenen Strand „Belle Mare Plage" zu einem Mekka für Windsurfer gemacht.

Der „Tempel" oder das Heiligtum, wie es im hoteleigenen Jargon heißt, ist ein Spakonzept, das aus einer reichen Palette an klassischen Anwendungen, aber auch Fitness-Kursen besteht und spirituell auf den Zen-Buddhismus aufbaut.

02 | Im Innern zeigen die einzelnen Gebäude des Residence wahre Größe – von außen betrachtet überragen sie nicht einmal die Baumwipfel.

03 | Dunkles Holz steht im Einklang mit hellen und erdigen Tönen.

04 | Die großzügige Terrasse ist der perfekte Ort für den Nachmittagstee und eine gepflegte Unterhaltung.

05 | Romantisch verspielt sind die Himmelbetten, angenehm kühl die Steinfußböden.

06 | Die Bäder des Residence glänzen in Marmor und Edelstahl.

winelands | franschhoek valley . south africa
DESIGN: Andrew Horne, Enterprise IG Stellenbosch

Einem Garten Eden gleicht die Landschaft der Winelands in der westlichen Kapregion Südafrikas: sanft sich wellende Weingärten vor der Kulisse graublau schimmernder Granitfelsen des Simongebirges. Dazwischen blitzen die blendend weißen Weingüter im kapholländischen Stil mit ihren charakteristischen Giebelfassaden hervor. Umgeben von 160 Hektar großen Rebflächen im Franschhoek Valley, knapp 30 Autominuten vom Flughafen Kapstadts entfernt, liegt das im September 2003 eröffnete The Winelands Hotel Resort and Wellness Centre mit dem größten Spa Südafrikas. Die Architekten ließen sich in Anspielung an das vorherrschende mediterrane Klima von der Bauweise provenzalischer und toskanischer Weingüter inspirieren.

Das dreiflügelige Hauptgebäude mit seinen mächtigen Säulen und Bogengängen umfasst eine Piazza, die sich zum Swimmingpool hin öffnet. Die Gästevillen mit den Spa-Suiten und die besonders großzügigen „Vineyards" Wohneinheiten mit eigener Küche und Privatpool gruppieren sich um einen eigens angelegten See. Das Interieur gibt sich ruhig und zurückhaltend, sanfte Farben dominieren, Licht und Raum spielen die Hauptrolle. Bemerkenswert sind die mit einer aufwendigen Technik bearbeiteten Wandflächen, die sie wie aus Sandstein gebaut wirken lassen. Afrikanischer Schiefer, dessen Farbpalette von lichtem Sand bis zu dunkel schimmernden Grüntönen reicht, wurde in all seinen Variationen im gesamten Hotel verlegt.

Im Santé-Wellness-Centre mit seinen 30 Behandlungsräumen wird die Vinotherapie praktiziert. Das Winelands ist damit nach „Les Sources de Caudalie" bei Bordeaux das zweite Hotel weltweit, das auf die Erkenntnisse von Professor Joseph Vercauteren setzt. Er hatte entdeckt, dass Traubenkerne Substanzen enthalten, die freie Radikale bekämpfen – die Hauptverantwortlichen für die Hautalterung.

Unbesehen davon ist es garantiert ein besonderes Erlebnis, in einem Cabernet Sauvignon zu baden oder sich mit einem Chardonnay Cocoon Wrap verwöhnen zu lassen. Darüber hinaus sollte man den kulinarischen Aspekt des Weines nicht ganz vernachlässigen. Es lohnen sich Ausflüge zu den umliegenden traditionsreichen Weingütern, deren Gewächse einen hervorragenden Ruf genießen, oder ins benachbarte, ganz im kapholländischen Stil gebaute Stellenbosch mit seinen 300 Jahre alten Eichenalleen und außergewöhnlichen Antiquitätenläden.

01 | Mit afrikanischen Schiefer ausgelegt: der Gang in den Wellnessbereich

02 | Das dreiflügelige Hauptgebäude öffnet sich zum Pool.

03 | Blick von der Restaurantterrasse über den See zum Simonsgebirge

04 | Treppenaufgang im Hauptgebäude zu einer der zehn Manoir-Suiten

05 | Waschbecken in einer Spa-Suite

06 | Lounge mit Durchgang zur Bibliothek

07 | Schlafraum einer Manoir-Suite

06

07

the saxon | johannesburg . south africa

DESIGN: Neil Powell, Clive Shepard, Ridler Shepherd Low, Stephen Falcke Interiors, Patrick Watson

„Lebe schnell und lebe gefährlich" könnte das Motto Johannesburgs lauten. Die spannende Metropole Südafrikas, die zusammen mit Pretoria das wirtschaftliche und kulturelle Zentrum des Landes bildet, ist voller Kontraste. Zehntausende von Flüchtlingen aus ganz Afrika haben seit dem Ende der Apartheid die City übernommen, das „weiße" Leben hat sich weitgehend in die streng bewachten und gesicherten Vororte im Norden verlagert. Und doch lohnt es sich, allen Kriminalstatistiken zum Trotz, einmal einzutauchen in dieses „schwarze" pulsierende Leben, in diesen spannenden multikulturellen Mix mit seiner eigenen afrikanischen Jazzszene.

Hohe Mauern muss passieren, wer sich dem Hotel The Saxon im noblen Vorort Sandhurst nähert. Bodyguards mit Headsets bewachen das mächtige hölzerne Tor zu dem Refugium, das sich in den neunziger Jahren Finanzmagnat Douw Steyn auf einem 12.000 Quadratmeter großen Areal als privates Domizil bauen ließ. Nelson Mandela, der erste schwarze Staatspräsident, war 1991 ein halbes Jahr Steyns Gast, um die Arbeiten an seiner Autobiographie „Long Walk to Freedom" abzuschließen. Als Reverenz an den wohl berühmtesten Südafrikaner trägt die Suite, die er damals bewohnte, seinen Namen. Nach einer Umbauphase wurde The Saxon im Juni 2000 als exklusives Hotel eröffnet, das seither VIP-Gäste wie Whoopi Goldberg, Oprah Winfrey und Oskarpreisträgerin Charlize Theron beherbergt.

Dem preisgekrönten Hoteldesigner Stephen Falcke gelang es, den Charakter eines Privathauses zu bewahren. Nichts war zu teuer, angefangen von den wertvollen Kunstobjekten aus Asien und Afrika bis zur vollständigen Ausgabe der „Encyclopaedia Britannica" aus dem Jahr 1898, in der man in der Bibliothek blättern darf. Reizvoll ist der Kontrast zwischen dem strengen Baukörper mit seinen klaren Linien und seiner olivgrünen, dunklen Fassade und dem in warmen Sand- und Ockertönen gehaltenen Interieur. Falcke fand eine zeitgemäße Interpretation des Kolonialstils, gediegen und anspruchsvoll. Große Glasflächen geben den Blick frei über den überdimensionierten Pool und die Gartenlandschaft. Eine Glaskuppel taucht die Lobby mit ihren repräsentativ geschwungenen Treppen in warmes Licht. Die Gäste der 26 Suiten werden aufs Aufmerksamste von vier Butlern umsorgt.

Im Essence-Spa kann man sich mittels einer neuen Methode der Hautanalyse, dem Face Mapping, mit einer genau auf die individuellen Bedürfnisse zugeschnittenen Behandlung verwöhnen lassen.

01 | Bei urbanen Hotels sind solche Pools und Parks eher die Ausnahme.

02 | Die offenen Marmorbäder werden durch große Oberlichter beleuchtet.

03 | Die ehemalige Schwimmhalle ist nun ein Restaurant mit einer ausgefallenen Weingalerie.

04 | Jede Suite verfügt über einen privaten Essplatz.

05 | Schlafraum einer Egoli-Suite mit Blick auf den Pool

06 und 07 Die Bibliothek enthält auch kostbare antiquarische Bände.

01 | Der rote Lehm stammt direkt aus der Umgebung. Silvio Rech hat hier traditionelle Bauweisen und Formen zu einer eigenständigen Ethno-Architektur verbunden.

makalali game reserve | lowveld . south africa
DESIGN: Silvio Rech

„Ein Ausflug für die Sinne, eine Reise für die Seele" lautet das Motto dieser kraftvollen Melange aus Ethno-Architektur, Natur pur und panafrikanischer Spitzengastronomie. Zwischen dem Krüger Nationalpark und den Drakensbergen ist das Makalali Game Reserve etwa fünf Autostunden von Johannesburg entfernt. Wer es eiliger hat, kann auch mit dem Kleinflugzeug auf der eigenen Buschpiste landen. Die vier Camps und die „Gallery" für einheimisches Kunstgewerbe liegen weiträumig verteilt in einem 15.000 Hektar großen Gelände am Rande des Makhutswi River und nehmen jeweils sechs Hütten für bis zu 12 Gäste auf. Die roten Lehmhütten sind mit Steppengras gedeckt und traditionellen Dörfern nachempfunden. 1992 hat die Familie des Eigentümers Charles Smith das Gelände mit dem Ziel gekauft, ein ökologisch orientiertes Weltklasse-Resort aufzubauen. 1996 wurde es eröffnet und vom englischen Fachblatt „Tatler Magazine" als „innovativstes Hotel-Design" ausgezeichnet. Seither wurde es mehrfach renoviert und aufgefrischt, ohne jedoch seine ursprüngliche Identität zu verlieren.

Jedes Camp verfügt über ein eigenes Restaurant, eine Bar, eine Bibliothek, eine Lounge und einen Pool. Dinner wird abwechselnd im Restaurant, in der typisch afrikanischen Boma (mit Baumstämmen eingezäunter Grillplatz) oder direkt im Busch serviert. Natürlich werden solche nächtlichen Picknicks, bei denen wachsweiche Straußensteaks verzehrt werden, von erfahrenen Rangern und Trackern (Spurenleser) begleitet. Sicherheit schreiben sie dabei groß. Selbst die fünfzig Schritte vom Restaurant zur Hütte sind in Begleitung einer „zweibeinigen Taschenlampe". Nach dem „Good Night" des Schutzengels vermengt sich das Knistern des Kaminfeuers mit den mystischen Geräuschen aus dem Busch. Gesichert durch stramme Holzriegel fühlt man sich jedoch schnell wohl zwischen den Lehmwänden und kriecht entspannt unter das Moskitonetz ins Bett. Am Morgen bringt die Freiluftdusche den Kreislauf ruckartig wieder in Höchstform, und das ist gut so. Wer die „Big Five" aus der Nähe betrachten möchte, muss früh aufstehen. Die ersten „Game Drives" starten um sechs in der Früh. Auf der „Pirsch" gibt's den ersten Kaffee oder Rooibostee und Kekse. Schlecht werden kann es einem im Gelände also kaum. Nach der Rückkehr wartet der frisch gedeckte Frühstückstisch mit Augen- und Gaumenfreuden, die an Safaris des letzten Jahrhunderts erinnern. Doch bei all den Aktivitäten sollte man eines nicht vergessen: sich richtig zu entspannen. Auf der Holzterrasse, am Pool oder in der weißen Emailwanne mit den goldenen Dackelfüßen.

02 | Duschen unter freiem Himmel, klangvoll untermalt mit den Schreien der Wildnis

03 | Typischer Rundpool, der mehr zur Erfrischung als zur Austragung von Schwimm-Wettbewerben gedacht ist

04 | Schlafzimmer und Bad sind durch einen schmiedeeisernen Paravent mit Tiermotiven getrennt.

05 | Bevor die Gäste in eines der vier Camps einziehen, werden sie an der Rezeption mit Boutique empfangen.

06 | Traditionelle europäische Badekultur trifft hier auf Buschatmosphäre.

royal malewane | greater kruger national park . south africa
DESIGN: Liz and Phil Biden, Ralph Krall

Es gibt ihn, den Lockruf der Wildnis. Die Faszination, sich mit den wilden, oft gar unwirtlichen Kräften der Natur zu messen. Existierten keine geschützten Reservate, dieser ungleiche Kampf wäre längst entschieden. Doch es gibt diese Rückzugsgebiete. Und es gibt diese wenigen, kleinen feinen Destinationen, denen es noch gelingt, dieses ursprüngliche Erlebnis der ersten Berührung mit der Wildnis zu vermitteln.

Was wäre mehr, was treffender zu sagen, um Stil und Philosophie von Royal Malewane zu kennzeichnen. Denn was königlich klingt, ist königlich konstruiert. Eine exklusive Perle im Gebiet des Krüger Nationalparks. Liz und Phil Biden lassen mit ihrem kleinen Camp ein vergangenes Zeitalter wieder aufleben. Ungezählte Antiquitäten vermitteln einen Eindruck davon, welch eigenartige Melange das ergab: kapitale Spitzenleistungen einer kolonialen Kultur treffen auf rohe Laute und eine ungezähmte Natur voller Schönheiten. Wer nachts die reich verzierten Beschläge der Fenster in seiner Suite öffnet, der mag aufschrecken vom durchdringenden Gebrüll eines Löwen. Hier im Herzen von Südafrika finden sich die „Big Five" der Wildnis: Löwen, Leoparden, Elefanten, Büffel und Nashörner. Im Haus findet sich dagegen alles, was auf klassische Weise Luxus definiert: ein viktorianisches Bad, King-size-Himmelbetton, gedrechselte alte Möbel, kronenartige Leuchter und Lüstern, herrschaftliche Lehnstühle und selbst eine weiße Chaiselongue im Chesterfieldstil.

Nur sechs Suiten sowie die Royal und Malewane Suiten gibt es hier. Jede besitzt einen eigenen Pool mit Holzdielenterrassen. Diese Terrassen erscheinen nüchterner im Stil, sind mit Gazebo überdacht. Ein behutsamer Übergang zur freien Wildbahn. Doch das Camp bietet nicht nur puren Luxus mit Teatime auf der Terrasse und Perserteppichen. Royal Malewane will bewusst zu den Grundlagen menschlichen Seins zurückführen. Eine Rückbesinnung in der Stille und Weite einer großartigen Umwelt. Familiärer Stil prägt das Haus. Still schleicht man mit einem erfahrenen Tracker den Spuren der geschmeidigen Wildkatzen hinterher oder erkundet das natürliche Heilwissen der Buschstämme. Wer von diesen täglichen Touren zurückkehrt, der darf sich übrigens ebenso auf entspannende und erfrischende Angebote in einem Spa freuen. Aber noch mehr sollte er es tun, was die Gourmetgenüsse von Chef John Jackson anbelangt. Seine Küche mit vielen Auszeichnungen gilt als eine der besten des Kontinentes. Aber all das ist auch das Mindeste, was man den wahren Royals unter den Wildnis- und Wellness-Bummlern dieser Welt schuldet.

01 | Nur sechs Suiten gibt es in diesem Luxus-Camp inmitten der Wildnis, alle mit eigenem Pool.

02 | Die königliche Ausstattung passt zum königlichen Ausblick über den Krüger Nationalpark.

03 | Konsequenz im Stil der Eroberer: Viktorianische Bäder, eine weich gepolsterte Chaiselongue, wertvolle Teppiche aus dem Orient

04 | Auch das Kingsize-Himmelbett hatte bereits eine weite Reise hinter sich, als es Teil dieses herrschaftlichen Ambientes wurde.

the outpost | kruger national park . south africa

DESIGN: Enrico Daffonchio

Für Südafrika ist es ein zukunftsweisendes Projekt, das nicht nur Maßstäbe in Architektur und Design, sondern vor allem auch in der zugrunde liegenden Auffassung von modernem Kolonialleben setzt. Mit dem Bau des Hotels haben sich die Besitzer Christoph van Staden und Peter Aucamp zu einem partnerschaftlichen Miteinander mit den ursprünglichen Bewohnern dieses Gebietes im Krüger Nationalpark verpflichtet. Der Stamm der Makuleke lebte jahrhundertelang in den nahezu unberührten Buschlands im Norden Südafrikas, dem fruchtbaren Schwemmland der Flüsse Limpopo und Luvuvhu. Nach Jahrzehnten der Vertreibung durch das Apartheid-Regime, das das Grenzland zu Mosambik und Simbabwe zum militärischen Sperrgebiet erklärte, erhielten die Makuleke erst in den letzten Jahrzehnten wieder das Recht, in das Land ihrer Ahnen zurückzukehren. The Outpost ist das erste und bislang einzige Hotel, das hier unter strengen ökologischen Auflagen und im Einvernehmen mit den Stammesältesten gebaut werden durfte und ein Musterbeispiel für eine funktionierende Nachbarschaft ist. Ein Teil des Hotelpersonals wird vom Makuleke-Stamm rekrutiert, ausgebildet und beschäftigt.

Damit ist der schrittweisen Annäherung der Kulturen der Weg bereitet. Das Prinzip der Offenheit liegt auch der Architektur des Hotels zugrunde, einem Entwurf des Italieners Enrico Daffonchio. Der Bau, eine Konstruktion aus Stahl, Aluminium und Segeltuch, hat den Charakter eines Camps. Klare Linien und konsequente Reduziertheit der Räume lenken den Blick nach außen und öffnen den Bewohnern Augen und Herzen für die Weite der afrikanischen Steppe. Der Blick, den man mit höchstens 23 weiteren Hotelgästen teilt, reicht von hier bis an die nördlichste Grenze Südafrikas.

Früher trug diese Region den klangvollen Namen Parfuri. Sie wird im Norden durch den Fluss Limpopo und im Osten durch Crooks Corner an der Grenze zu Simbabwe begrenzt, zu der im 19. Jahrhundert die legendäre Elfenbeinroute entlang des Luvuvhu River führte. Wer vor dieser Kulisse ein Bad oder eine Dusche nimmt oder sich vor dem frei aufgehängten Spiegel rasiert, fühlt sich von dem prickelnden Schauer von Freiheit erfrischt. Nur die im wahren Wortsinne Erhabenheit des Ortes durch seine Lage auf einem Hügel vermittelt dem Hotelgast die gerade noch erwünschte Distanz, die ein Stadtmensch nun einmal zwischen sich und wilden Tieren schätzt. Senkrecht fällt die mehrere hundert Meter tiefe Schlucht des Luvuvhu River vor dem Outpost ab. Hier scheint man allein mit sich und der Weite. Dabei herrscht reges Leben ringsum.

01 | The Outpost ist ein ökologisches und soziales Vorzeigeprojekt mitten im Krüger Nationalpark.

Affen wagen sich zuweilen in die Nähe des Outpost, in sicherer Entfernung beobachtet man Giraffen und Antilopen. Die Raubtiere bleiben dem Blick meist verborgen. Doch man fühlt ihre Nähe – oder malt sich wildromantische Szenarien aus. Vor allem bei Nacht, wenn die vielstimmige Akustik der afrikanischen Wildnis ihren Zauber voll entfaltet, fühlt man sich zu solch Gedankenspielen inspiriert.

Ökologisch unbedenklich kann man in diesem Fall den Ballast des Alltags in die Schlucht des Luvuvhu River hinabwerfen und die alte Elfenbeinroute entlang in die Unendlichkeit schicken. Am besten gelingt das bei Sonnenuntergang und einem guten Wein aus dem hervorragend sortierten Weinkeller des Outpost. Gegen Anfälle von Melancholie hilft schließlich ein Sprung in den Pool – wie zu besten Kolonialzeiten.

02 | Modernes Design in strenger Schnörkellosigkeit verträgt sich gut mit den Fellen afrikanischer Rinder.

03 | As time goes by: Von der Terrasse der Suite hat man die alte Elfenbeinroute von Südafrika nach Simbabwe im Blick.

04 | Die Suite ist grenzenlos, sie reicht bis zum Horizont.

05 und **07** Das Bad am Busen der Natur – mit gebührendem Überblick

06 | Ein dünner Gaze-Vorhang schützt vor Moskitos – doch die Stimmen der Wildnis dringen ungefiltert ans Ohr.

01 | Relaxen mit Blick auf den Nwanedzi-Fluss

02 | Von der Lobby öffnet sich ein weiter Blick über die afrikanische Savanne.

singita lebombo | sabi sabi . south africa
DESIGN: Cecile and Boyd Ferguson, Andrew Makin, Joy Brasler, Paul van den Berg

Einschlafen mit dem Grunzen der Flusspferde drunten am Nwanedzi-Fluss, den heißeren Schreien der Schakale, dem Brüllen der Löwen, das über fünf Kilometer zu hören ist. In der halb in den Boden eingelassenen Badewanne liegen vor einer raumhohen Glaswand und wie einer der Black Eagles, die hier nisten, weit den Blick schweifen lassen über die südafrikanische Savanne bis zu den roten Felsen des Lebombo-Gebirges, wo die Grenze zu Mosambik verläuft.

Die im Frühjahr 2003 eröffnete Singita Lodge Lebombo mitten im Krüger Nationalpark öffnet alle Sinne für das Erleben der südafrikanischen Wildnis und kreiert einen neuen zeitgemäßen Safari-Lodge-Stil. Wer die staubige Straße durch den Wildpark verlässt und den schmalen Durchgang zu den Hauptgebäuden der Lodge zwischen hohen Lehmwänden passiert, fühlt sich aus allem bisher Vertrauten herauskatapultiert.

Vorbilder für die aufsehenerregende Architektur fanden die Designer um Boyd Ferguson in der Natur: Wie Adlerhorste krallen sich die 15 Gäste-Lofts, konstruiert aus Stahl, Glas und Holz, in schwindelerregender Höhe an das Kliff. Ihr Interieur kultiviert einen lässigen entspannten Chic, wie er sich auch in einem urbanen Loft finden könnte. Wenige kunsthandwerkliche Gegenstände, wie die Schalen aus Straußeneiern oder die Handwebteppiche, stellen die Verbindung zur Region her.

„To touch the ground lightly", die Philosophie der Ureinwohner, war der Leitgedanke beim Bau der Lodge. Um das sensible ökologische Gleichgewicht möglichst wenig zu stören, wurden sämtliche Versorgungsleitungen oberirdisch verlegt. Verdeckt sind sie von den Holzstegen, die zu den Gästevillen führen, die so weit voneinander entfernt sind, dass sie absolute Privatheit gewähren. Outdoor-Duschen und die ausladenden weißen Polsterbetten auf den Sonnendecks laden dazu ein, stundenlang das grandiose Farbenschauspiel des afrikanischen Himmels zu beobachten.

Entspannung bieten der 40 Meter lange Pool und der weiter unten an den Fluss gebaute Busch-Spa mit seinen traditionellen afrikanischen Anwendungen, die die natürliche Balance des Körpers wiederherstellen sollen, etwa einem Rooibostee-Bad oder einer typischen afrikanischen Kopfmassage, die nach überlieferten Verfahren selbst hartnäckige Verspannungen löst. Das 15.000 Hektar umfassende Singita-Reservat gilt als eines der wildreichsten des Krüger Nationalparks. Gute Chancen beim morgendlichen Game Drive im offenen Range Rover die „Big Five" – Nashorn, Büffel, Leopard, Elefant und Löwe – zu erleben.

03 | Moskitonetze aus feinem grauen Metallgewebe bieten nächtlichen Schutz.

04 | Eigens für die Lodge entworfene Sessel erinnern an dänische Klassiker.

05 | Die Bar mit dem Sonnendach aus von Hand bearbeiteten Zweigen, mit denen Adler ihre Horste bauen.

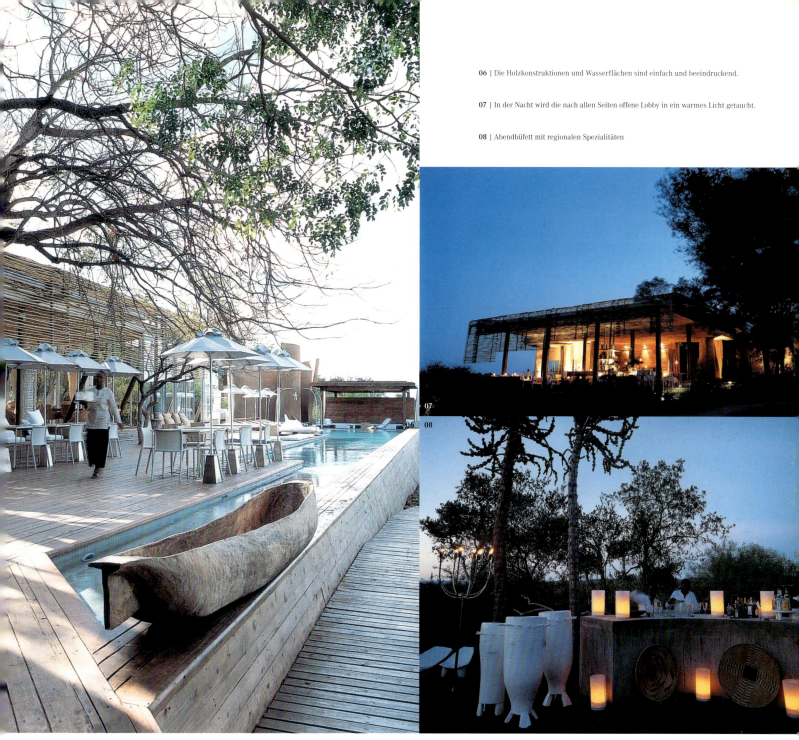

06 | Die Holzkonstruktionen und Wasserflächen sind einfach und beeindruckend.

07 | In der Nacht wird die nach allen Seiten offene Lobby in ein warmes Licht getaucht.

08 | Abendbüfett mit regionalen Spezialitäten

earth lodge | sabi sabi . south africa
DESIGN: Mohammed Hans, Geoffrey Armstrong

Manchmal muss etwas Altes vergehen, damit etwas Neues entstehen kann. Einen radikalen Neuanfang wagte das Ehepaar Loon, nachdem ihre River Lodge im Sabi Sand Reservat der großen Flut zum Opfer fiel, die im Februar 2000 weite Teile des Krüger Nationalparks und des direkt angrenzenden Sabi Sand-Gebietes überschwemmte. Schon zwei Tage vor der großen Flut hatten die Flusspferde ihre Jungen in höher gelegene Regionen gebracht, ein besonders anschauliches Beispiel dafür, so Jacqui Loon, dass die Menschen nicht aufhören sollten, von der Natur zu lernen. Die eigenwillige Gestaltung ihrer Lodge drückt die enge Verbundenheit mit der Natur aus und ist dabei nichts weniger als ein Statement für zeitgenössische südafrikanische Kunst, Architektur und Design, das den gängigen Kolonialstil der meisten Game-Lodges meilenweit hinter sich lässt.

Das Gebäude verschmilzt fast mit der Landschaft, die es umgibt. Wer sich der Lodge nähert, sieht zunächst einmal – nichts. So tief wurde der Bau in die Erdsenke eingelassen. Durch eine Doppeltür betritt der Gast ein riesiges offenes Foyer. Dort öffnet sich ein weites Panorama über die grandiose Buschlandschaft mit gelb blühenden Akazien, ausgedehnten Grasflächen und einer Wasserstelle, die abends von Elefanten und Nashörnern frequentiert wird.

Farben, Oberflächen, Formen – das gesamte Konzept ist von der Natur inspiriert. Wände wurden mit Stroh und Lehm bearbeitet und erinnern an die tief gefurchte Haut von Elefanten. Die Tische in der Bar sind geformt wie die Blätter von Wasserlilien, nirgendwo gibt es spitze Ecken, alles ist weich und gerundet wie in der Natur. Die dreibeinigen Hocker in der Bar, wie alle anderen Möbel der Lodge von jungen südafrikanischen Designern entworfen, gleichen aneinander gereiht einem zu bedrohlicher Größe mutierten Insekt. Und überall finden sich die kraftvollen Holzskulpturen des renommierten afrikanischen Künstlers Geoffrey Armstrong, die er aus dem Schwemmholz der großen Flut formte. Jede der dreizehn Suiten, die alle einen privaten Plungepool besitzen, wird von einem Butler umsorgt. Im Earth Nature Spa mit seinen vier Behandlungsräumen, davon eine Treatment-Suite für Paare, wird eine Vielzahl an Behandlungen angeboten: Body-Wraps, Shiatsu-Massagen, Aromatherapie. Ein Zen-Meditationsgarten lädt zur inneren Einkehr ein.

01 | Rezeption mit dem aus einem angeschwemmten Baumstamm geformten Tisch des Künstlers Geoffrey Armstrong

02 | Empfangshalle des Spa und Treatment-Suite mit in den Boden eingelassenen Badewannen

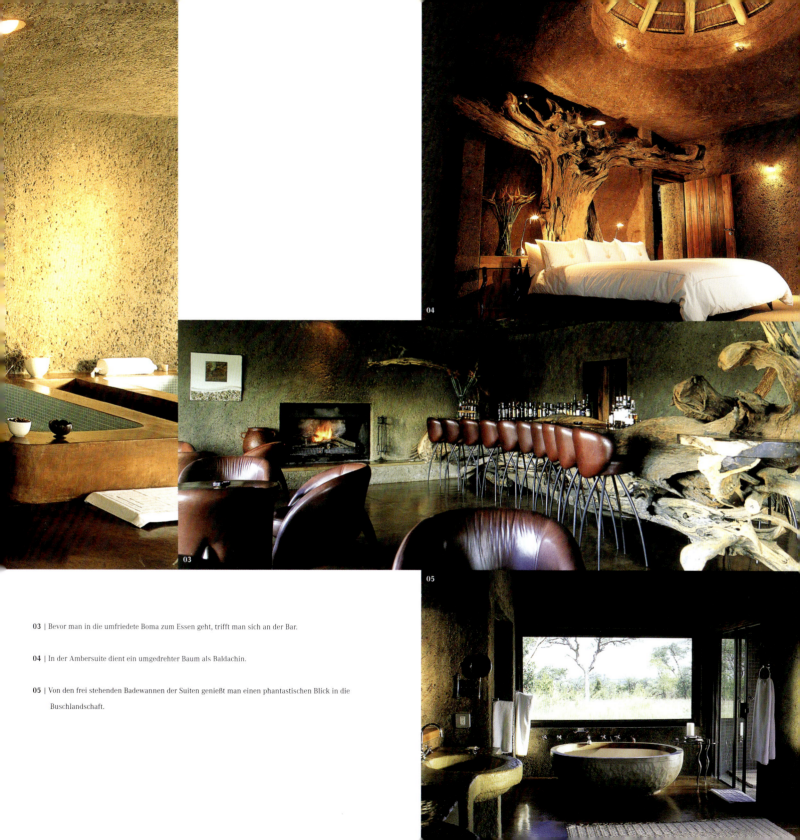

03 | Bevor man in die umfriedete Boma zum Essen geht, trifft man sich an der Bar.

04 | In der Ambersuite dient ein umgedrehter Baum als Baldachin.

05 | Von den frei stehenden Badewannen der Suiten genießt man einen phantastischen Blick in die Buschlandschaft.

singita boulders | sabi sand . south africa

DESIGN: Cecile and Boyd Ferguson, Bruce Stafford

Das Sabi Sand Wildreservat ist so etwas wie die Urzelle des Krüger Nationalparks. 1898 erklärte der damalige Burenpräsident Paulus Krüger das 65.000 Hektar große Areal am Sabi River zum Naturschutzgebiet. Heute ist Sabi Sand in Privatbesitz und grenzt im Westen unmittelbar an den Krüger Park an. 18.000 Hektar dichte Buschlandschaft umfasst das Wildreservat der vielfach ausgezeichneten Singita Boulders Lodge.

Die Architektur orientiert sich an der traditionellen Bauweise afrikanischer Dörfer. Tief hinuntergezogene strohgedeckte Dächer ruhen auf unbearbeiteten Baumstämmen, wobei manche der Bäume noch verwurzelt sind. Alles wirkt organisch rund und erdverbunden. Bevorzugte Baumaterialien sind Holz, Leder und natürlich Steine – die „Boulders" – die der Lodge den Namen gaben: in Form von aufgeschichteten unverputzten Steinmauern, kleinen Flusskieseln, die auf Böden verlegt wurden, oder mächtigen Findlingen, die markante Akzente setzen. Die nur neun Suiten sind über Holzstege zu erreichen. Sieben sind direkt an den Sand River gebaut, dort kann man vom sanft geschwungenen Pooldeck aus Krokodile und Flusspferde beobachten. Zwei Suiten schauen auf eine Wasserstelle, die Kudus, Impalas und selbst Elefanten frequentieren.

Das Interieur der Lodge wirkt auf eine sehr spezielle Weise elegant und luxuriös mit seinen weißen Sitzmöbeln und den auf Hochglanz polierten dunklen Holzböden. In den weitläufigen Suiten mit ihren offenen Bädern und frei stehenden Badewannen bilden zarte weiße Voilestoffe und unverputzte Steinmauern einen reizvollen Kontrast. Behandlungen von Ayurveda bis Akupunktur werden bevorzugt auf den Pooldecks verabreicht, die uneinsehbar sind.

Höchstens ein Elefant riskiert einen Blick auf das ihn sicher seltsam anmutende Treiben.

Eine grandiose Inszenierung der Wildnis kann erleben, wer am abendlichen Game Drive mit dem Landrover teilnimmt, der einmal nicht mit dem Abendessen im Diningroom vorm lodernden Kaminfeuer endet – sondern mitten im Busch: an einer Stelle, die unzählige Paraffinlämpchen erleuchten. An weiß eingedeckten Tischen wird ein köstliches Barbecue serviert. Ein großes Lagerfeuer und überall postierte Lifeguards sorgen für die Sicherheit, allenfalls streifen ein paar Hyänen umher, die auf die Reste warten.

01 | Jede der neun Suiten verfügt über einen Privatpool mit direkt anschließender Holzdielenterrasse.

02 | Diningroom mit dem aus Lehm gebauten offenen Kamin, der Leuchter ist mit Straußeneiern bestückt.

03 | Badezimmer mit frei stehender Wanne und begehbarem Kleiderschrank.

04 | Lichtdurchflutet sind die Schlafzimmer, die Beine des Ebenholztisches sind in Form von Kudu-Hörnern geschnitzt.

05 | In der Lounge im Haupthaus trifft man sich in den frühen Morgenstunden zum Tee vor dem Morning Game Drive.

06 | Offene Lounge mit Blick auf einen Fischteich.

01 | Das Ulusaba schmiegt sich an die einzige Erhebung in weitem Umkreis und bietet damit einen herrlichen Ausblick über die Buschlands.

ulusaba game reserve | sabi sand . south africa
DESIGN: André Serfontaine, Mark and Joanne Netherwood

Der Pick-up quält sich über die Sandpiste. Die Staubwolke, die er aufwirbelt, zieht er wie einen Schweif hinter sich her. Ein stumpfer, erdiger Geruch breitet sich aus. Vögel schrecken auf. Sie steigen auf, finden langsam ihre Formation, gehen wieder zu Boden. In der Ferne erhebt sich ein einzelner Bergrücken. Pfahlbauten kleben an seiner Spitze.

In der Abendsonne erscheint die Lodge wie ein an den Hang geklebtes Hüttendorf. Doch das Betreten der Lobby macht deutlich: Hier herrscht exklusiver Kolonialstil vor, durchsetzt mit Stammeskunst. Der schwarze Kontinent lässt grüßen! Beim Aufstieg über die Holztreppenanlage fiel bereits die imposante Poolanlage auf. Wie schön wäre das gewesen: gleich ein Sprung in das kühle, klare Wasser. Doch nach Check-in und Begrüßungscocktail an der Bar geht es zunächst auf die Zimmer. Die Räume wirken geräumig und großzügig, wie das ganze Haus. Im Bad steht eine Wanne, die – kurzes Auflachen – wie ein Zebra gestreift ist. Über die Veranda hinweg geht der Blick in das leicht verkrüppelte Geäst der Bäume drum herum. Die Möbel spielen mit dem Charme einheimischer Hölzer, mal edel und blank, mal kunstvoll verziert, mal von grober, unbehandelter Art. Das Bett thront frei im Raum: eine in Weiß gehüllte Liegewiese mit Pfosten, an denen geschnitzte afrikanische Adonisse über den Schlaf der Fremden wachen, und einem Meer aus plüschigen Kissen.

Im Restaurant wartet ein langer Esstisch. An ihm versammelt sich eine illustre Gesellschaft von Wellness-Abenteurern. Es gibt viel Wildfleisch, exotische Zutaten und die wuchtigen Weine Südafrikas. Oder eben Bordeaux- und Burgundertropfen. In einer eigenen Hütte befindet sich das Wellnesszentrum: Trimmgeräte ohne Ende, Whirlpool und vor allem jede Menge Menüs für eine wieder „erstraffte" Haut und einen juvenilen Körper. Noch mehr aber imponiert die Architektur der verwinkelten Lodge mit ihrer grandiosen Aussicht über das Buschland: die Pfahlbauten, die bizarren Pools, die frei schwingenden Holzbrücken und das Sammelsurium von einzelnen Suiten und Hütten. Pure afrikanische Träume, konzentriert auf nicht wenige Quadratmeter.

02 | Die rustikalen Hütten sind im Inneren überraschend geräumig.

03 | Die Einrichtung des Restaurants verlangt geradezu nach einer Ansprache des Stammesältesten.

04 | Einfaches Möbeldesign, afrikanische Stoffmuster und authentische Deko-Stücke ergeben insgesamt einen fröhlich-leichten Afro-Mix.

05 | Hervorragende Tarnung: Badewanne im Zebra-Design

06 | An dieser Tafel werden Abenteuergeschichten ausgetauscht oder Pläne für die nächsten Tage geschmiedet.

hotel-index

Land / Ort	Adresse	Information	Architektur & Design	Seite
Dubai — Ver. Arabische Emirate	Al Maha Desert Resort Dubai Vereinigte Arabische Emirate www.al-maha.com	eröffnet 1999, erweitert 2004 40 Beduinensuiten, zwei Royal Suiten und Suite des Eigentümers. Diningroom, Lounge, Bar, Bibliothek. Konferenzraum für 20 Personen. 45 Minuten von Dubai.	Rashid Taqui Schuster Pechthold + Partners Wrenn Associates	8
Dubai — Ver. Arabische Emirate	Beit al Bahar Villas The Jumeirah Beach Hotel P.O. Box 26878 Vereinigte Arabische Emirate www.jumeirahinternational.com/beit_al_bahar/welcome.htm	eröffnet 1997 19 luxuriöse Villen. Konferenzzentrum, Businessräume. Club.	Kuan Chew	14
Dubai — Ver. Arabische Emirate	One&Only Royal Mirage P.O. Box 37252 Dubai Vereinigte Arabische Emirate www.oneandonlyresorts.com	eröffnet 1999, erweitert 2002, 2003 The Palace 226 Zimmer und 20 Suiten. Residences & Spa 32 Zimmer, 16 Suiten und eine Gartenvilla. Arabian Court 162 Zimmer und 10 Suiten. 11 Restaurants und Bars. Wellness- & Schönheits-Institut, Givenchy Spa.	Godwin Austen Johnson, Brian Johnson Ridler Shepherd Low, Rob Low Wilson & Associates, Keith Mehner David Adams, Sarah Mills	18
Dubai — Ver. Arabische Emirate	Mina A'Salam Dubai Vereinigte Arabische Emirate www.jumeirahinternational.com	eröffnet 2003 292 Zimmer, 75 Geschäfte, 30 Restaurants und Bars. Privater Strand, Swimmingpool, Six Senses Spa. 25 km vom Flughafen.	Kuan Chew	24
Muscat — Sultanat Oman	The Chedi Muscat North Ghubra 232, Way No. 3215, Street No. 46 Muscat Sultanat Oman www.ghmhotels.com	eröffnet 2002 61 Zimmer, 60 Luxuszimmer und 40 Club-Suiten. 45 Minuten Flug von Dubai. Restaurant, Lobby, Lounge, zwei Pools, Wassergarten, Pool mit Cabanas, privater Strandabschnitt, Spa. Zwei Tennisplätze.	Jean-Michel Gathy Yasuhiro Koichi	28

Land / Ort		Adresse	Information	Architektur & Design	Seite
Ägypten	Sharm El Sheikh	Four Seasons Resort Sharm El Sheikh Sharm El Sheikh Südsinai Ägypten www.fourseasons.com/sharmelsheikh	eröffnet 2002 136 Zimmer und Suiten, 64 Familiensuiten. Restaurant Arabesque, Il Frantoio, Waha Pool Bar, Reef Grill, Citadel. Lounge, Spa, Wellnesszentrum. Konferenzräume für bis zu 275 Personen. 10 Minuten vom Flughafen, direkt am Roten Meer.	Hill & Glazier, Architects Brayton Hughes Studios	34
Tunesien	Tunis	The Residence Tunis Les côtes de Carthage P.O. Box 697 2079 La Marsa Tunesien www.theresidence-tunis.com	eröffnet 1996 170 luxuriöse Zimmer und Suiten. Mediterrane Gerichte im Restaurant L'Olivier, chinesische Spezialitäten im Li Bai. Wellnesszentrum, Konferenzräume für bis zu 300 Personen.	Christian Denizot Hirsch Bedner & Associates	38
Marokko	Marrakesch	Amanjena Route de Ouarzazate, km12 40000 Marrakesch www.amanresorts.com/jena_m.html	eröffnet 2000 34 Pavillons, sieben zweistöckige Häuser. Thai- und internationales Restaurant, marokkanisches Restaurant und Bar, Bibliothek, beheizter Swimmingpool, Wellnesszentrum mit zwei Hammams.	Edward Tuttle	42
Marokko	Marrakesch	Kasbah Agafay Route de Guemassa 40000 Marrakesch Marokko www.kasbahagafay.com	wiedereröffnet 2001 Neun Zimmer, sechs Junior Suiten, fünf Suiten. Restaurant. Swimmingpool, Wassergärten, Wellnesszentrum mit Hammam und Meditationsraum. 20 Minuten vom Stadtzentrum Marrakesch und dem internationalen Flughafen.	Abel Damoussi Quintin Willbaux	48
Marokko	Marrakesch	La Sultana 6.8.9 derb Agadir – Kasbah 40000 Marrakesch Marokko www.lasultanamarrakech.com	wiedereröffnet 2003 21 luxuriöse Suiten mit privaten Essplätzen. Zwei Restaurants, Panoramaterrassen, Bibliothek. Konferenzräume. Solarbeheizte Pools, Sauna, Dampfbad. 10 Minuten vom Flughafen und von drei Golfanlagen entfernt.		52

hotel-index

Land / Ort	Adresse	Information	Architektur & Design	Seite
Marokko — Marrakesch	Sublime Ailleurs B.P. Box 2309 40000 Marrakesch Marokko www.sublimeailleurs.com	eröffnet 2001 Acht Zimmer im Riad-Gästehaus, zwei luxuriöse Villen mit eigenem Pool und Butler. Restaurant, Bar, Konferenzräume, Pool, Spa. 3 Golfplätze 15 Autominuten entfernt. Im Herzen von Marrakeschs Palmenhainen. 20 Minuten vom Flughafen.	Marie-Claude & Abbas Azzouzi	58
Marokko — Marrakesch	Jnane Tamsna P. O. Box 262 Marrakesch Medina Marokko www.tamsna.com	eröffnet 2001 Zehn geräumige Zimmer, fünf Suiten. Restaurant, zwei beheizte Swimmingpools, Hammam. Massagen und Schönheitsbehandlungen. Tennisplatz.	Meryanne Loum-Martin	62
Marokko — Marrakesch	Ksar Char-Bagh Palmeraie de Marrakech P.O. Box 2449 40000 Marrakesch Marokko www.ksarcharbagh.com	eröffnet 2003 12 Haremssuiten und ein Apartment mit privatem Pool auf der Terrasse für maximal 26 Gäste. Billardraum, Bibliothek. Beheizte Pools, Hammam, Entspannungsräume und Massage, Fitnesscenter, Weinkeller. Tennis, privater Golfübungsplatz.	Nicole Grandsire Le Villair Patrick Le Villair	66
Marokko — Ouarzazate	Dar Ahlam Casbah Madihi Palmeraie de skoura Province de Ouarzazate Royaume du maroc www.darahlam.com	eröffnet 2003 Acht Suiten, drei Cottages mit zwei Räumen. Die Villen können einzeln oder die ganze Kasbah kann gemietet werden. 30 Minuten vom internationalen Flughafen von Ouarzazate.	Thierry Teyssier	70
Keniya — Laikipia Plateau	Loisaba Loisaba Wilderness P.O. Box 1348 Nanyuki Kenia www.loisaba.com	1994 wiederaufgebaut und instand gesetzt Sieben Zimmer. Swimmingpool, Spa mit Massage und Schönheitsbehandlungen. Tennisplatz, Bocciabahn, Krocketrasenfläche.	Tom Sylvester Peter Sylvester	76

Land / Ort		Adresse	Information	Architektur & Design	Seite
Kenia	Amboseli	Shompole P.O. Box 10665 Nairobi 00100 Kenia www.shompole.com	eröffnet 2001 Acht zeltartige Zimmer, Restaurant, Lounge. Befindet sich am Rand der Nguruman-Klippe mit Sicht über das Great Rift Valley. 120 km südlich von Nairobi.	Anthony Russell Neil Rocher Elizabeth Warner	80
Tansania	Sansibar	Fundu Lagoon Pemba Island Sansibar www.fundulagoon.com	eröffnet 2000 14 Bungalows, Restaurant, zwei Bars. Massageangebot. Voll ausgestattetes Tauch-Center, liegt an der südwestlichen Seite der Insel Pemba, nur mit Boot zu erreichen.	Ellis Flyte	84
Seychellen	Mahé	Banyan Tree Seychelles Anse Intendance Mahé Seychellen www.banyantree.com/seychelles	eröffnet 2001 37 Villen einschließlich Präsidentenvilla, jede mit privatem Pool oder Whirlpool im Freien. Zwei Restaurants und Terrassenbar. Ausgedehnte Spaanlage mit Blick über die Bucht. Auf der südlichen Spitze der Insel Mahé gelegen, 30 Minuten vom Flughafen.	Architrave Design & Planning Co., Ltd.	88
Seychellen		Frégate Island Private Seychellen www.fregate.com	eröffnet 1998, Spa 2004 16 exklusive Villen für maximal 40 Gäste, 2 Restaurants, Bar, 7 Sandstrände, Schwimmbad, neues Wellnesszentrum, Bibliothek.	Wilson & Associates	92
Seychellen	Praslin	Lémuria Resort Anse Kerlan Praslin Seychellen www.lemuriaresort.com www.constancehotels.com	eröffnet 1999 96 Suiten, acht Villen und Präsidentenvilla. Drei Restaurants, vier Bars. Swimmingpool auf drei Ebenen, Sauna, Whirlpool. Kinderclub. Zwei Tennisplätze, Golfanlage. Fünf Minuten vom Flugplatz Praslin.	Jean-Marc Eynaud	96

hotel-index

Land / Ort		Adresse	Information	Architektur & Design	Seite
Seychellen	North Island	North Island Lodge North Island Seychellen www.north-island.com	eröffnet 2003, Spa 2004 11 geräumige, luxuriöse Villen mit privater Lounge und Pool. Küchenzeile, Elektro-Buggy und Fahrräder gehören zur Ausstattung. Restaurant, Lounge und Bibliothek, Tauchbasis und Fitnessstudio. Fünf Strände, Sunset Beach Bar. 15 Minuten von Mahé mit dem Hubschrauber.	Silvio Rech & Lesley Carstens Architecture & Interior Architecture	100
Mauritius	Poste de Flacq	Belle Mare Plage the Resort Poste de Flacq Mauritius www.bellemareplagehotel.com	wiedereröffnet 2002 92 Zimmer, 137 Junior Suiten, sechs Luxussuiten, 20 Villen. Restaurants, Bars, Wellnesszentrum, zwei 18-Loch- Championship-Golfplätze in einem 150 Hektar großen Naturpark.	Jean-Marc Eynaud Martin Branner Colin Okashimo	106
Mauritius	Poste de Flacq	Le Prince Maurice Choisy Road Poste de Flacq Mauritius www.princemaurice.com	eröffnet 1998 76 Junior Suiten, 12 Senior Suiten und Prinzensuite. Zwei Restaurants, Lounge-Bar, Laguna-Bar. Wellness- und Fitness-Center, Institut de Guerlain, Bibliothek, Business Center. An der Nordostküste von Mauritius, 45 km vom Flughafen, 35 km von Port Louis.	Jean-Marc Eynaud	110
Mauritius	Trou d'Eau Douce	One&Only Le Touessrok Mauritius www.oneandonlyresorts.com	wiedereröffnet 2002 200 Zimmer einschließlich 98 Suiten. Drei Restaurants und Bars. Givenchy Spa. 18-Loch-Golfanlage.	Macbeth Architects Ridler Shepherd Low Hirsch Bedner & Associates	114
Mauritius	Belle Mare	The Residence Coastal Road Belle Mare Mauritius www.theresidence.com	eröffnet 1998 151 Zimmer und 20 Suiten. Drei Restaurants, Jazz-Bar. Zwei Konferenzräume. La Prairie Behandlungen & Aromatherapien im Sanctuary. Beauty-Salon.	Jean Paul Ruaudel Christian Denizot Hirsch Bedner & Associates	118

Land / Ort	Adresse	Information	Architektur & Design	Seite
Südafrika Franschhoek Valley	Winelands Hotel The Winelands Hotel Resort and Wellness Centre P.O. Box 381, Klapmuts 7625 Südafrika www.southernsun.com	eröffnet 2003 Zimmer im Herrenhaus, Villen im Weingut, Spa-Suiten. Zwei Restaurants, Lounge, Bar. Konferenzräume für bis zu 150 Personen. 45 Minuten von Kapstadt.	Andrew Horne Enterprise IG Stellenbosch	124
Südafrika Johannesburg	The Saxon 36 Saxon Road Sandhurst, Johannesburg Südafrika www.mantiscollection.com	wiedereröffnet 2000 26 Suiten: 20 Egoli-Suiten, vier Präsidentensuiten und zwei Platinum Suiten. Drei Konferenzräume und Auditorium für bis zu 40 Personen. Restaurant, Weinkeller mit privatem Speisezimmer. Schwimmbad mit Unterwassermusik, Fitnessstudio, Parkanlage.	Neil Powell Clive Shepard Ridler Shepherd Low Stephen Falcke Interiors Patrick Watson	128
Südafrika Lowveld	Makalali Krüger Nationalpark Südafrika www.makalali.com	eröffnet 1992 Vier Camps mit jeweils 6 geräumigen Gästehütten. Jeweils eigene Restaurants, Schwimmbäder und Lounges.	Silvio Rech	132
Südafrika Krüger Nationalpark	Royal Maewane P.O. Box 1542 Hoedspruit 1380 Südafrika www.royalmalewane.com	eröffnet 2000 6 frei stehende und private Suiten mit großzügiger, hölzerner Dachterrasse, strohgedecktem Erker und Pool, Restaurant, Bibliothek. Wellnessangebot mit Hautpflege-Therapien.	Liz Biden Phil Biden Ralph Krall	136
Südafrika Krüger Nationalpark	The Outpost P.O. Box 786064 Sandton 2146 Südafrika www.theoutpost.co.za	eröffnet 2003 12 luxuriöse frei stehende Suiten. Gelegen im nördlichsten Teil des Krüger Nationalparks.	Enrico Daffonchio	140

hotel-index

Land / Ort		Adresse	Information	Architektur & Design	Seite
Südafrika	Sabi Sabi	Singita Lebombo P.O. Box 23367 Claremint 7735 Südafrika www.singita.co.za	eröffnet 2003 15 Loftsuiten. Innen und außen liegende Speisebereiche, Weinkeller, Konferenzräume, Bibliothek, Fitness-Center, Pool und Spa.	Cecile and Boyd Ferguson Andrew Makin Joy Brasler Paul van den Berg	144
Südafrika	Sabi Sabi	Earth Lodge Sabi Sabi Südafrika www.sabi-sabi.go2africa.com	eröffnet 2001 13 klimatisierte Suiten mit Innen- und Außendusche. Bibliothek, Konferenzräume, Boutique. Fitness-Center, Zen-Meditationsgarten, Dampfbad, Natur-Spa.	Mohammed Hans Geoffrey Amstrong	148
Südafrika	Sabi Sand	Singita Boulders Lodge P.O. Box 23367 Claremint 7735 Südafrika www.singita.co.za	eröffnet 1996 Neun Doppelsuiten. Lounge und Speisebereiche auf einer Holzterrasse. Bar, Weinkeller, Bibliothek. Sporthalle, Wellnesszentrum, Swimmingpool,	Cecile and Boyd Ferguson Bruce Stafford	152
Südafrika	Sabi Sand	Ulusaba Game Reserve P.O. Box 71 Skukuza 1350 Südafrika www.ulusaba.com	eröffnet 1999 Rock Lodge mit 8 Zimmern and 2 Suiten, Safari Lodge mit 10 Zimmern. Konferenzräume. Swimmingpool und Sonnenterrasse. Wellnesszentrum, 2 Tennisplätze	André Serfontaine Mark and Joanne Netherwood	156

architekten & designer

Name	Hotel	Seite
Adams, David	One&Only Royal Mirage	18
Architecture & Interior Architecture	North Island	100
Architrave Design & Planning Co., Ltd.	Banyan Tree Seychelles	88
Armstrong, Geoffrey	Earth Lodge	148
Azzouzi, Marie-Claude	Sublime Ailleurs	58
Azzouzi, Abbas	Sublime Ailleurs	58
Benech, Louis	Dar Ahlam	70
Biden, Liz	Royal Malewane	136
Biden, Phil	Royal Malewane	136
Branner, Martin	Belle Mare Plage The Resort	106
Brayton Hughes Studios	Four Seasons Resort Sharm El Sheik	34
Carstens, Lesley	North Island	100
Chew, Kuan	Beit Al Bahar Villas	14
	Mina A'Salam	24
Daffonchio, Enrico	The Outpost	140
Damoussi, Abel	Kasbah Agafay	48
Denizot, Christian	The Residence Tunis	38
	The Residence Mauritius	120
Design Workshop	Singita Lebombo	144
Enterprise IG	Winelands	124
Eynaud, Jean-Marc	Lémuria Resort	96
	Belle Mare Plage The Resort	106
	Le Prince Maurice	110
Falcke, Stephen	The Saxon	128
Ferguson, Cecile und Boyd	Singita Lebombo	144
	Singita Boulders	152
Flyte, Ellis	Fundu Lodge	84
Gathy, Jean-Michel	The Chedi Muscat	28
Glazewski, Adam	Dar Ahlam	70
Godwin Austen Johnson	One&Only Royal Mirage	18
Grandsire Le Villair, Nicole	Ksar Char-Bagh	66
Hans, Mohammed	Earth Lodge	148
Hill & Glazier Architects	Four Seasons Resort Sharm El Sheik	34
Hirsch Bedner & Associates	The Residence Tunis	38
	One&Only Le Touessrok	114
	The Residence Mauritius	120
Horne, Andrew	Winelands	124
Johnson, Brian	One&Only Royal Mirage	18
Koichi, Yasuhiro	The Chedi Muscat	28
Krall, Ralph	Royal Malewane	136
Le Villair, Patrick	Ksar Char-Bagh	66
Loum-Martin, Meryanne	Jnane Tamsna	62
Low, Rob	One&Only Royal Mirage	18
Macbeth Architects	One&Only Le Touessrok	118
Mehner, Keith	One&Only Royal Mirage	18
Mills, Sarah	One&Only Royal Mirage	18
Morand, Hervé	Dar Ahlam	70
Netherwood, Mark	Ulusaba Game Reserve	156
Netherwood, Joanne	Ulusaba Game Reserve	156
Niclot, Isabel	La Sultana	52
Okashimo, Colin	Belle Mare Plage The Resort	106
Powell, Neil	The Saxon	128
Rech, Silvio	North Island	100
	Makalali Game Reserve	132
Ridler Shepherd Low	One&Only Royal Mirage	18
	One&Only Le Touessrok	119
	The Saxon	128
Rocher, Neil	Shompole	80
Ruaudel, Jean Paul	The Residence Mauritius	120
Russel, Anthony	Shompole	80
Schuster, Pechthold + Partners	Al Maha Desert Resort	8
Serfontaine, André	Ulusaba Game Reserve	156
Smith, Charles	Makalali Game Reserve	132
Stafford, Bruce	Singita Boulders	152
Stephen Falcke Interiors	The Saxon	128
Sylvester, Tom	Loisaba	76
Sylvester, Peter	Loisaba	76
Taqui, Rashid	Al Maha Desert Resort	8
Teyssier, Thierry	Dar Ahlam	70
Tuttle, Edward	Amanjena	42
Warner, Elizabeth	Shompole	80
Watson, Patrick	The Saxon	128
Willbaux, Quintin	Kasbah Agafay	48
Wilson & Associates	One&Only Royal Mirage	18
	Frégate Island Private	92
Wrenn Associates	Al Maha Desert Resort	8

fotonachweis

Name	Hotel	Seite	(Foto)
Archiv Al Maha	Al Maha Desert Resort	10	(2)
Archiv Cheli & Peacock	Loisaba	76	(alle)
Archiv Constance Hotels	Lémuria Resort	96	(alle)
Archiv Constance Hotels	Belle Mare Plage	106	(alle)
Archiv Constance Hotels	Le Prince Maurice	110	(alle)
Archiv Four Seasons	Four Seasons Sharm El Sheikh	34	(alle)
Archiv GO2Africa	Earth Lodge	148	(alle)
Archiv Jumeirah International	Mina A'Salam	24	(1,3-7)
Archiv Kasbah Agafay	Kasbah Agafay	48	(1)
Archiv Limited Edition by Virgin	Ulusaba Game Reserve	144	(alle)
KenNiven	Fundu Lagoon	84	(alle)
Archiv One&Only Resorts	One&Only Le Touessrok	118	(alle)
Archiv Royal Malewane	Royal Malewane	136	(alle)
Archiv The Saxon	The Saxon	128	(alle)
Archiv Shompole	Shompole	80	(alle)
Archiv Singita	Singita Lebombo	152	(alle)
Archiv Singita	Singita Boulders	156	(alle)
Archiv Southern Sun	Winelands	128	(alle)
Archiv Sublime Ailleurs	Sublime Ailleurs	58	(1)
Archiv The Outpost	The Outpost	132	(alle)
Archiv The Residence Mauritius	The Residence Mauritius	114	(alle)
Archiv The Residence Tunis	The Residence Tunis	38	(alle)
Waves Design Singapore	The Chedi Muscat	28	(alle)

Alle anderen Fotos
von Roland Bauer
und Martin Nicholas Kunz

Impressum

Bibliografische Informationen der Deutschen Bibliothek. Die Deutsche Bibliothek verzeichnet diese Publikation in der Deutschen Nationalbibliografie; detaillierte Daten sind im Internet über http://dnb.de abrufbar

ISBN 3-89986-011-x

Copyright 2004 Martin Nicholas Kunz, fusion publishing GmbH
Copyright 2004 avedition GmbH; Ludwigsburg
Alle Rechte vorbehalten.

Printed in Austria

avedition GmbH
Königsallee 57 | 71638 Ludwigsburg | Germany
p +49-7141-14 77 391 | f +49-71 41-14 77 399
www.avedition.de | info@avedition.de

fusion publishing GmbH
Leibnizstr. 78 70193 Stuttgart | Germany
www.fusion-publishing.com

weitere Informationen und Links bei www.bestdesigned.com

Herausgeber | Martin Nicholas Kunz
Texte (Seite) | Ursula Dietmair (38, 48, 58, 88, 140), Claudia Gass (70, 84), Sybille Eck (52, 66, 120), Bärbel Holzberg (14, 24, 34, 114, 124, 128, 144, 148,152), Christiane Reiter (Einleitung, 42, 62, 76, 96, 106, 110), Heinfried Tacke (28, 80, 92, 136, 156)
Alle anderen Texte Martin Nicholas Kunz
Korrekturen | Ulrike Paul, Patricia Massó, Gabi Fürst
Recherche und Redaktion | Patricia Massó
Art Direction | Cornelia Stockhausen
Produktion und Imaging | Thomas Hausberg, Florian Höch, Jan Hausberg

Besonderer Dank an:
Marie-Claude Azzouzi, Sublime Ailleurs | Simon Ball, Loisaba | Olivier Beiner, Dar Ahlam | Patrick V. Brizio, Frégate Island Private | Wolfgang Burre, North Island | Belinda Choo, Banyan Tree Hotels & Resorts | Lara Cleminson, Kasbah Agafay | Nina Cornelius, ZFL | Laurence de Blic, Tropic Consulting | Trina Dingler-Ebert, Amanresorts | Debby Evans, Royal Malewane | Theresa Feeney, Fundu Lagoon | Martina Frühe, ZFL | Raouf Ben Ftima, The Residence Tunis | Petra H. Fülle, Wilde & Partner | Viki Fynn, Singita Lodges | Hella Göbel, ETC | Nicole Grandsire Le Villair, Ksar Char-Bagh | Cristina Grünwald, International Travel Partners | Heleen Hayman, Earth Lodge | Mia Hedmann, Jumeirah International | Tanja Höschele, ETC | Ingo Jacob, Travel Consultants Africa | Richard Johnston, The Saxon | Nina Kumana, Amanresorts | Fiona Lane, Banyan Tree Seychelles | Solena Le Sann, One&Only Royal Mirage | Lina Lee, Banyan Tree Hotels & Resorts | Meryanne Loum-Martin, Jnane Tamsna | Stephanie Moulin, Lever de Ridau | David Murray, North Island | Jean Luc Naret, The Residence Mauritus | Isabelle Niclot, La Sultana | Nadege Noblet, Al Maha | Chania Paterson, Shompole | Andrea Peters, ZFL | Alexandra Peyre, Jumeirah International | Ellen Pfennings, Trimedia | Tim Reed, Tri Hotel Marketing | Anke Schaffelhuber, Bogner | Romana Schmidt, Chedi Muscat | Nadine Skaff, Jumeirah International | Michaela Thelen, Trimedia | Maurice Turner, Fundu Lagoon | Kathy Wayland, Royal Malewane | Carolyn Wincer, Limited Edition Virgin UK | Ferdinand Wortelboer, Amanjena

Martin Nicholas Kunz

1957 in Hollywood geboren. Freier Autor und Herausgeber von Architektur-, Design-, Reise- und Lifestylebüchern. Bei der Deutschen Verlags-Anstalt war er u.a. verantwortlich für den „design report" sowie als Leiter Neue Medien zuständig für Internetaktivitäten. Seit 2001 u.a. Herausgeber der **av**edition Buchreihe „best designed...", die inzwischen acht Bände über die schönsten Hotels der Welt umfasst.

best designed.hotels
Band 1: Asien | Pazifik
Band 2: Amerika
Band 3: Europa (urban)
Band 4: Europa (countryside)

best designed wellness hotels
Band 1: Asien | Pazifik
Band 2: Amerika | Karibik
Band 3: Europa
Band 4: Afrika